Jean Benoit Pèlerin

Suchst Du Wasser?

Band 2 aus der Reihe „Pilgern auf dem Jakobsweg im Elsass"

Bibliografische Information der Deutschen Nationalbibliothek
Die Deutsche Nationalbibliothek verzeichnet diese Publikation in der Deutschen Nationalbibliografie; detaillierte bibliografische Daten sind im Internet über http://dnb.d-nb.de abrufbar

©2011 Johannes Lohschelder, Benedikt Magrean

Herstellung und Verlag: BoD - Books on Demand, Norderstedt

ISBN 978-3-732-23315-1

Copyright Bilder: Johannes Lohschelder

Umschlaggestaltung: Martin Michel

Inhaltsverzeichnis

7 Vorwort

9 Vorbereitungen

13 Wie alles anfing

17 Die Anfahrt

23 Der erste Tag: Hunawihr - Turckheim

39 Der zweite Tag: Turckheim - Couvent St. Marc

47 Der dritte Tag: Couvent St. Marc - Issenheim

61 Der vierte Tag: Issenheim - Thann

79 Der fünfte Tag: Thann - Bellemagny

89 Der sechste Tag: Bellmagny - Mandrevillars

105 Der siebte Tag: Mandrevillars - Villers-sur-Saulnot

121 Der achte Tag: Villers-sur-Saulnot - Onans

129 Der neunte Tag: Onans - Villersexel

137 Der zehnte Tag: Villersexel - Hunawihr

145 Der elfte Tag: Soultz - Aachen

147 Nachwort und Packliste

Für Danielle und Charles

Vorwort

„Im Schatten der Pilger, die uns vorangegangen sind."

Pilgern ist, Hape Kerkeling sei Dank, in aller Munde. Viele wollen nach Santiago de Compostella aufbrechen. Aber Hinweise auf überfüllte Pilgerunterkünfte, Gedränge auf den Pilgerwegen oder einfach nur Nepp schrecken schon bei der Planung ab. Auch spielt die Zeit, die ein Pilger investieren muss, um von den Pyrenäen bis nach Santiago zu kommen, eine nicht unwesentliche Rolle.

Dieses kleine Büchlein will, wie schon der erste Teil von 2008, anregen, dass Pilgern vor der Haustüre beginnen kann. Nun liegt das Elsass sicher nicht vor jedermanns Haustüre. Auf http://www.jakobus-info.de/jakobuspilger/germany.htm werden auch noch andere Alternativen aufgezeichnet, die vielleicht für die geneigte Leserin, den geneigten Leser leichter zu erreichen sind.

Pilgern ist immer eine Suche oder eine Hinwendung zu sich selbst oder zu Gott. Vielleicht führt es auch zu der Erkenntnis, dass es beides ist. Dass der Mensch die Suche nach und die Hinwendung zu Gott und zu sich selbst nicht trennen kann. Beides liegt so nahe beieinander wie das erste und zweite Gebot der 10 Gebote.

Vielleicht kann das Büchlein auch die Erkenntnis vermitteln, dass ein Pilgerneuling es erst im Kleinen versucht, bevor sie oder er sich aufmacht, den großen Weg zu wagen. Gott lässt sich überall finden.

Auf jeden Fall soll das Büchlein, wie schon der 2008 erschienene erste Teil, Begeisterung wecken, das Pilgern zu wagen.

Johannes und Benedikt, im Herbst 2011

Vorbereitungen

"Mach den ersten Schritt voller Zuversicht."

(nach Martin Luther King)

Wir regen an zumindest für die Ankunft in Hunawihr und das Ende der ersten Etappe in Turckheim von Deutschland aus je eine Übernachtung zu buchen.

Es war uns nicht möglich, ein Hotel in Hunawihr über das Internet zu buchen. Wir haben aber über das Internet die Adresse eines Winzers gefunden, bei dem wir sehr gut untergekommen sind. Hier die von uns genutzten Unterkünfte:

In Hunawihr:

Familie Ziegler, 7 rue des Vosges, F-68150 Hunawihr
Tel : 0033 3 89 73 23 41
mj.ziegler@wanadoo.fr   www.giteziegler.com

In Turckheim :
Brigitte Wasser, 1 route de Wintzenheim, F-68230 Turckheim
Tel.: 00333 89 27 14 16 – Fax.: 0033 3 89 30 27 97

Für die folgende Nacht regen wir eine Übernachtung im Kloster Couvent St. Marc, was sehr schön im Wald gelegen ist, an. Sie sollten auch das Kloster in Issenheim und das Kloster Bellemagny vor Belfort besuchen. An allen Klosterpforten wird erwartet, dass man sein Credentiel vorlegen kann.

Dieses kann kostenfrei angefordert werden bei:

Deutsche St. Jakobus-Gesellgesellschaft e.V.
Tempelhofer Strasse 21, D-52068 Aachen,
Tel.: 0241/4790-127 - Fax: 0241/4790-112
www.deutsche-jakobus-gesellschaft.de

Wir empfehlen zwei Bücher, die den Weg beschreiben:
„Der Jakobsweg im Elsass" Pilgerführer von Ursula und Heribert Kopp, ISBN 978-3-00-022723-3, Jakobsweg-Team Winnenden, Format 11x16 cm, praktische Ringbindung, 152 Seiten, 112 Bilder, 21 Etappen, jeweils mit Karten und Höhenprofilen

Für den Teil ab Belfort ist der Pilgerführer von Berthold Burkhardt und Hans-Jörg Bahmüller "Der Jakobsweg von Breisach bis Taizé/Cluny", ISBN 978-3-9812350-2-9, Jakobsweg-Team Winnenden, der in deutscher und französischer Sprache vorliegt, nützlicher. Auch dieser Führer hat das Format 11x16 cm, eine praktische Ringbindung und beschreibt die 21 Etappen jeweils mit Karten und Höhenprofilen. Er ist beschrieben und bestellbar unter http://jakobsweg-team.de/shop/details/b3c.htm.

Die Freunde des Jakobsweges im Elsass haben unter http://www.saint-jacques-alsace.org/index_de.html die einzelnen Etappen, die wir gegangen sind und die auch im angegebenen Buch beschrieben sind, zum selber ausdrucken vorbereitet.

In den Streckenkarten dieses Buches und der Downloads fehlen geographische Zusammenhänge. Daher empfehlen wir zur präziseren Orientierung die Karten No 6 und No 7 des Club Vosgien im Maßstab 1/50000. Sie sind unter http://www.club-vosgien.com/50000.html beschrieben und auch bestellbar. Es ist günstig, die Karten vorher zu beschaffen, da sie vor Ort nicht leicht zu kaufen sind.

Hinter Belfort helfen diese Karten nicht mehr. Hier empfehlen wir die blauen Karten (Fußgängerkarten) des IGN im Maßstab 1:25.000 oder "carte topographique série bleue (Itinéraires de randonnée)". Diese Karten sind beim IGN erhältlich (http://www.ign.fr/).

Andlau, einer der schönsten Orte aus dem ersten Teil

Wie alles anfing?
"Mach den ersten Schritt voller Zuversicht. Du musst nicht den ganzen Weg sehen können, nur das erste Stück."
(frei nach Martin Luther King)

Vor Jahren drückte mir Ben ein Buch von Paulo Coelho in die Hand mit den Worten, ich solle das Buch lesen. Er würde gerne pilgern. Ich hatte bis dahin zwar schon vom Jakobsweg gehört, aber keine so genauen Vorstellungen. Das Buch las ich einige Zeit später und war fasziniert. Jahre später kam dann ein gewisser Hape Kerkeling mit seinem Buch und der Bemerkung auf den Markt, er sei dann mal weg.

Irgendwann im Herbst 2007 fing Ben wieder mit dem Thema an. Er wolle „auch mal weg", aber nicht alleine. Nach einigem Überlegen über mögliche Pilgerpartner war er zu der Überzeugung gekommen, dass wir beide eine solche Tour zusammen unternehmen könnten. Wir kennen uns und unsere Stärken und Schwächen schon seit fast 10 Jahren. Wir haben dann, vorsichtig wie wir sind, 10 - 14 Tage wandern geplant. Ursprünglich wollten wir von Aachen auf der Via Mosana über Lüttich, Namur, Dinant dem Lauf der Maas folgend in Richtung Frankreich gehen.

Das Internet machte es uns einfach. Auf der Webseite http://www.jakobus-info.de/jakobuspilger/germany.htm haben liebe Menschen Informationen über Jakobswege gesammelt. Hier fanden wir heraus, dass Leute im Elsass die Pilgertradition neu belebt und einen alten Pilgerweg erneuert hatten, der schon vor vielen hundert Jahren von Wissembourg nach Belfort führte.

Über diesen Weg ist im Buchhandel ein neuer Pilgerführer erschienen (Siehe Seite 10). Wir sind im Mai 2008 die ersten 6 Etappen auf diesem Weg gepilgert und beschrieben dieses in unserem ersten Buch „Es muss nicht immer Santiago sein, Pilgern im Elsass".

Im Jahre 2008 brachen wir unsere erste Pilgerreise vorzeitig ab, weil ich mich verletzt hatte. Ben und ich waren damals fest entschlossen unseren Weg fortzusetzen. In den Jahren 2009 und 2010 standen jeweils Krankheiten dem Vorhaben im Wege. In beiden Jahren planten wir im Winter die Fortsetzung unseres Weges mit mehr oder weniger großem Aufwand Tagesetappe für Tagesetappe durch. Wir sind sogar an einem Samstag ins Elsass gefahren mit dem Ziel, alle Übernachtungen vor Ort zu buchen. Erst Christophe von der Pilgerherberge in Guebwiller machte uns klar, dass dieser Ansatz nicht dem Gedanken des Pilgerns entspricht.

Vielleicht folgten wir einer Intuition, vielleicht hörten wir aber auch auf unsere innere Stimme. Im Winter des Jahres 2010 kamen wir beide unabhängig voneinander auf dieselbe Idee. Für die Fortsetzung unserer Pilgerreise im Jahre 2011 planten wir nur ganz wenige Punkte. So haben wir nur unseren Startort Hunawihr ausgewählt und ein Quartier für die erste Nacht gebucht. Dabei war es uns wichtig, einen Abstellplatz für das Auto zu finden.

Für jeden Menschen hat das Pilgern eine Bedeutung. Ben und ich glauben, dass es für jeden Menschen etwas gibt, weshalb er oder sie sich auf den Weg macht oder machen sollte.

Wir beide haben auf unserem Weg großen Respekt vor der Leistung der Menschen bekommen, die Santiago erreichen wollen. Unser Respekt ist noch größer geworden vor denjenigen, die es dann auch schaffen.

Für uns Neulinge war es wichtig, eine Möglichkeit zu finden, sich an das Pilgern heranzutasten. Seit Hape sind sehr viele Menschen auf dem Weg, leider viele auch auf derselben Strecke. Wir wollten aber kein Pilgerrunning mitmachen und uns abends um Pilgerbetten streiten müssen. Wir wollten, jeder für sich, versuchen, den eigenen Weg gemeinsam zu gehen. Die neu belebte Pilgerroute erschien uns sehr geeignet.

In diesem Buch haben wir die Fortsetzung der Geschichte aufgeschrieben. Aber es haben sich auch Veränderungen gegenüber unserem ersten Buch ergeben. Die Buchhandlung GEORAMA in Strasbourg gibt es nicht mehr. Uns wurde berichtet, dass sie geschlossen wurde und der Pfarrer in Brumath wurde versetzt. „Time goes by" aber der Camino lebt. Viel Spaß beim Lesen und wenn Sie liebe Leserin, lieber Leser sich auf den Weg machen, dann denken Sie an uns und danken Sie für alles, was Ihnen auf dem Weg widerfährt.

Ihr Jean- Benoit Pelèrin

Die Anfahrt

"Alle Reisen haben eine Bestimmung, die der Reisende nicht ahnt." (Martin Buber)

Es war noch früh am Morgen, als der Wecker mich mit sanfter Musik aus meinen Träumen holte. Die Musik passte zu meiner Stimmung, irgendein Stück von Bizet. Meine Frau schlief noch und ich schlich mich aus dem Schlafzimmer, um sie nicht zu wecken. Nachdem ich mich geduscht und rasiert hatte, ging ich in die Küche und bereitete das Frühstück zu. Wie an jedem Morgen in der Woche bestand es aus Obstsalat und eingeweichtem Körnermüsli. Als auch der Tee fertig war, weckte ich meine Frau. Während sie im Bad rumorte, nahm ich zum wiederholten Male meine Packliste und schaute nach, ob ich nicht doch noch ein Teil vergessen hatte. Das Elsass und Frankreich waren zwar nicht das Hochgebirge und Ben und ich planten auch keine Wanderung durch die Wüste Sahara. Aber ich wollte nicht in irgendeinem Winkel der Vogesen stehen und mich darüber ärgern, dass ich ein bestimmtes Teil vergessen habe. Ich seufzte und legte die Liste wieder auf den Schrank. Ich hatte nichts gefunden. Offensichtlich war an alles gedacht worden. Tina, so heißt meine Frau, betrat die Küche, hielt einen kleinen, leicht ramponierten Kamm in der Hand und meinte, den hätte ich bestimmt vergessen. Doch noch ein Teil übersehen, knurrte ich und steckte den Kamm in den

Kulturbeutel. Bei einem Totalverlust würde ich ihm keine Träne nachweinen.

Wir frühstückten weitestgehend schweigend. Ab und an fragte mich Tina, ob ich an dieses oder jenes Teil gedacht hätte und ich bejahte die Frage jedes Mal mit einem Kopfnicken. Nach dem Frühstück half ich beim Abwasch und setzte mich ins Wohnzimmer um auf Ben zu warten.

In der Zeitung schenkte ich nur dem Sportteil meine Aufmerksamkeit. Aber die Themen langweilten mich. Gegen 10:15 Uhr klingelte das Telefon und Ben meinte mit einer Stimme, die begeisterte, dass er unten vor dem Haus auf dem Parkplatz stehe und ich doch zu ihm herunterkommen solle. Ich drückte Tina und verabschiedete mich mit einem dicken Kuss. Sie reichte mir ein kleines Amulett, das eine Jakobsmuschel zeigte, und hängte es mir um den Hals. Es solle mir Glück bringen, meinte sie, damit ich die Pilgerung nicht wieder abbrechen müsste. Diese guten Wünsche konnte ich gut brauchen. Denn ob meine chronisch entzündeten Achillessehnen die nächsten 14 Tage durchstehen werden, konnte ich nicht abschätzen. Aber ich war guter Dinge. Ben stand vor seinem Auto und empfing mich mit einem Lächeln. Sein Lachen stand im Gegensatz zum Wetter, das ausgesprochen schlecht war. Es regnete und ich orakelte für mich, ob dies nun ein gutes oder schlechtes Omen sei. Allein die Tatsache, dass wir es im Gegensatz zu den beiden vorherigen Jahren geschafft hatten, unseren Pilgerweg fortzusetzen, wertete ich als ein gutes Zeichen. Da konnte das Wetter meine Stimmung nicht trüben. Außerdem hatte der Wetterdienst versprochen, dass es stündlich besser würde. Schließlich befanden wir uns im trockensten Frühling seit der Wetteraufzeichnung. Aber wie dies so ist, wenn der Wetterdienst der Bevölkerung etwas in Aussicht stellt, kann es so sein oder nicht. Ben meinte auf meine kritische Bemerkung in Richtung der Wettervorhersage lapidar: „Kräht der Hahn auf dem Mist, ändert sich das Wetter oder es bleibt wie es ist" und dabei lachte er und verriss ein wenig das Steuer, sodass das Auto zu schlingern anfing. Es kam dann, wie es kommen musste: Das Wetter änderte sich den ganzen Tag nicht. Zeitweise stand das Wasser knöchelhoch auf der Straße.

Wie so oft auf unseren Reisen drehten sich unsere Gespräche um Politik, um Gott und um die Welt und was alles besser werden könnte. Themen aus unserem Berufsumfeld schließen wir bewusst immer aus. Hinter der französischen Grenze hielten wir an einem Supermarkt, um ein wenig Proviant für den nächsten Tag einzukaufen. In Hunawihr befand nach unseren Kenntnissen kein Lebensmittelgeschäft. Wir fanden ein Angebot für eine Dauerwurst, der ein kleines Brettchen und ein französisches

Messer beilag. Da die Messerfirma „Laguiolle" für eine gute Messerqualität stand und uns ein kleines Brettchen noch fehlte, kauften wir die Wurst. Gegen halb fünf erreichten wir den Winzerhof der Familie Ziegler.

Das Zimmer entpuppte sich als eine kleine Ferienwohnung. Ben schlief auf der ersten Ebene im großen Doppelbett, während ich auf die Halbetage sollte. Auf unsere Bitte hin ließ Frau Ziegler sich überreden, uns für den nächsten Morgen eine Thermoskanne voll Kaffee vor die Türe zu stellen. Da Ben meinte, er habe das bessere Bett erwischt, erklärte er sich bereit, am nächsten Morgen Baguette und Croissants zum Frühstück einzukaufen. Da ich morgens zum Einkaufen keine Lust habe, erklärte ich mich mit dem Vorschlag einverstanden.

Der Tag war schon weit fortgeschritten. Wir prüften unsere Sachen mit dem Ziel, das eine oder andere Teil doch nicht mitnehmen zu müssen. Ben stöhnte, als ich ihm den Stapel Wanderkarten zeigte und ihn bat, ob er einen Teil der Karten tragen könnte. Nachdem wir alles überprüft und aufgeteilt hatten, polterte ich die Treppenstufen in mein Obergemach hinauf. Ich zog mich um, weil wir beschlossen hatten ein Restaurant für das Abendessen zu suchen. Hunawihr ist zwar kein großer Ort, aber ein wenig unübersichtlich. Wir wendeten uns daher für hilfreiche

Tipps an unsere Gastgeberin, die uns auch mit den notwendigen Informationen versorgte. Wir machten uns auf den Weg. Leider hatten sich die Wirte von Hunawihr an diesem Abend gegen uns verschworen. Kein Restaurant war geöffnet. Auch der kleine Lebensmittelladen, den wir auf diese Art und Weise entdeckten, stellte keine Unterstützung dar. Er hielt seine Türe nur bis Mittag geöffnet.

Also gingen wir unverrichteter Dinge wieder zurück zu unserem Winzerhof. Wir kauften bei Frau Ziegler eine Flasche Riesling aus dem Jahre 2007 und zogen uns auf unser Zimmer zurück. Unser Abendessen bestand aus einer Tüte Pistazien, einer halben Dauerwurst und dem Wein, der so gut mundete, dass wir beschlossen am Ende der Pilgertour noch einige Flaschen für daheim zu kaufen. Nach dem opulenten Mahl informierten wir unsere Lieben zu Hause, dass es uns gut ginge und es uns an nichts fehle. Gegen 21:30 Uhr löschten wir die Lichter und verabredeten uns für 7:00 Uhr zum Start unserer Pilgerreise.

Hunawihr, der Startpunkt des zweiten Teiles des Pilgerweges durchs Elsass

Der erste Tag: Hunawihr – Turckheim
„Der leere Weg heißt Dich willkommen."
(Thich Nhat Hanh)

Sanfte Musik riss mich aus meinen Träumen. Ben rief mir etwas Unverständliches aus dem Erdgeschoss nach oben auf meine Halbetage zu. Ich beneide Menschen, die morgens einen guten Start haben, während ich etwas Zeit benötige. Ich sortierte meine Gedanken und prüfte ein wenig verträumt aus meinem Dachfenster das Wetter. Ben verschwand unter der Dusche. Kurze Zeit später war er ganz verschwunden. Ich wälzte mich aus dem Bett, kletterte ein wenig steif die steile Treppe hinunter und bewegte mich in Richtung Bad. Frau Ziegler hatte uns, wie versprochen, eine Kanne Kaffee vor das Apartment gestellt. Nachdem Ben mit zwei Baguettes, Croissants und einem Glas Nutella wieder auftauchte, konnten wir das Frühstück in französischer Art und Weise genießen. Der Kaffee verschwand in nach deutschen Maßstäben super großen Tassen und das Brot wurde ohne Teller auf den Tisch gekrümelt. Die Nutellacreme trug sehr dazu bei, dass unsere Stimmung immer besser wurde, obwohl das Wetter, auf Grund des leise nieselnden Regens, sich nur den Status „bescheiden" verdiente.

Nachdem wir gespült und aufgeräumt hatten, wechselten wir von unserer Zivilkleidung in die Wanderuniform. In den nächsten Tagen mussten wir uns mit dem zufrieden geben, was wir am Leibe trugen und in unseren Rucksäcken fanden. Wir zahlten bei Frau Ziegler und erfuhren dabei vieles über die Zusammenhänge eines viel zu trockenen Frühlings und der Weinernte.

Das kleine Lebensmittelgeschäft lag zwar etwas abseits, aber wir wollten noch die tägliche Wasserration kaufen. An der Kasse geriet ich in Panik, weil ich meine Geldbörse nicht finden konnte. Ben zahlte für mich und ich durchsuchte meinen Rucksack an allen möglichen Stellen und konnte das doch so wichtige Teil nicht finden. Vielleicht, so überlegte ich, hatte ich es ja beim Bezahlen auf dem Tisch liegen lassen. Also eilte ich die steile Straße hinauf und klingelte bei Frau Ziegler. Sie öffnete und wir durchsuchten gemeinsam die Probierstube. Leider ohne Erfolg. Nachdenklich ging ich den Weg zurück. Ben schaute mich erwartungsvoll an und machte ein sorgenvolles Gesicht. Ich musste irgendeine Tasche in meinem Rucksack übersehen haben. Der Rucksack stand auf einer Bank vor dem Lebensmittelladen und ich unterzog jede Seite einer genauen Inspektion und fand eine kleine Tasche auf der Vorderseite, die mir bisher nicht aufgefallen war. Ich öffnete den Reißverschluss und sah meine Geldbörse. Alle Aufregung war umsonst gewesen. Ben philosophierte noch etwas, dass sich so anhörte wie „das sei meinem fortgeschrittenen Alter geschuldet". Aber ich hörte nicht richtig hin. Dann gab er mir den Tipp, die Dinge zukünftig bewusster zu tun. Er meinte, so würden Handlungen besser im Gedächtnis verankert. Ich lächelte gequält, wuchtete meinen Rucksack auf meinen Rücken und versuchte im Gehen eine ideale Einstellung der Gurte zu finden. Ich hatte mir dieses Rucksackmodell auf Grund der positiven Hinweise einer Kollegin am letzten Tag vor unserer Abreise gekauft und lernte ihn jetzt während des Gebrauchs kennen.

Der Weg führte uns aus Hunawihr hinaus und stieg in die Weinberge hinauf. So früh am Morgen war die erste Steigung des Tages nicht so einfach zu bewältigen. Mir kam unwillkürlich der Begriff „Couchpotato" von Hape Kerkeling in den Sinn. Es irritierte mich schon, dass er mir gleich am Anfang bei der ersten Steigung einfiel. Das Wetter hatte sich entschieden, uns weiteren Nieselregen zu schicken. Da aber alles im Leben im Fluss ist und sich alles dynamisch entwickelt, war auch die heftigste Steigung einmal zu Ende.

Als wir den ersten Berg überwunden hatten, zeigten sich die Häuser des nächsten Ortes. Riquewihr ist ein sehr schönes Städtchen mit mittelalterlichem Flair. An jedem Wochenende füllen hier Schwärme von Touristen die alten Gassen. Jetzt am frühen Morgen lagen die Häuser und Gassen noch verschlafen da. Ben ärgerte sich wie schon im Jahre 2008, als wir hier vorbei gingen, über den Nepp und die Geschäftemacherei innerhalb der Stadtmauern, den wir ja am Ende unseres ersten Teiles auch bemerkt hatten. Daher würdigten wir die schöne Kulisse mit keinem Blick und gingen weiter.

Der Weg verläuft jetzt harmonisch durch die Weinberge und folgt dabei in leichten Schwingungen dem Höhenprofil. Wir glitten durch die Weinberge des Elsass. Der Jakobsweg im Elsass folgt in weiten Teilen den Höhenlinien, sodass auf der rechten Seite die bewaldeten Hänge der Vogesen zu sehen sind und linker Hand der Blick tief in die Rheinebene reicht. Bei guten Sichtverhältnissen reicht die Aussicht bis zum Schwarzwald. Ben beschwerte sich mit einem Augenzwinkern, dass er noch keine SMS von seinen Kollegen erhalten hatte. Sie scheinen, so meinte er, doch tatsächlich ohne ihn auszukommen. Ich ergänzte seinen Hinweis mit den Worten, dass die Kollegen wahrscheinlich froh seien, dass er weg wäre.

Das Elsass ist nicht nur geographisch eine interessante Landschaft. Auch bei der Sprache gibt es hier die eine oder andere Überraschung. Obwohl diese Region zu Frankreich gehört, sprechen viele Menschen sehr gut Deutsch. Im Regelfall wollen sie aber nicht direkt auf Deutsch angesprochen werden. Ben pflegte immer mit einem französischen Gruß zu beginnen und ergänzte diesen mit einigen einleitenden Gedanken auf Französisch, ehe er dann versuchte auf die deutsche Sprache überzuleiten. Neben diesen beiden Sprachen sprechen viele Elsässer auch noch einen einheimischen Dialekt, der seinen Ursprung im deutschen Sprachraum hat.

Pilgerkreuz zwischen Riquewihr und Kaysersberg

So ist es nicht verwunderlich, dass ein Pilger auf seiner Reise im Elsass an Wegkreuzen vorbeikommt, die ihn mit deutschen Texten auffordern, das eine oder andere Gebet zu sprechen. Hinter Riquewihr fanden wir so ein großes imposantes Wegkreuz. Auf einer Steintafel wurden wir aufgefordert fünf „Vater unser" und fünf „Ave Maria" zu beten. Dafür winkt als Lohn ein Sündenablass für 300 Tage. Wir waren sehr erstaunt und jeder für sich kam vorsichtshalber der Aufforderung nach, da wir ja nicht wissen konnten, welche sündigen Verführungen uns in den nächsten Tagen noch erwarteten.

Hinter dem Wegkreuz stieg der Weg wieder steil an. Er führte uns nun hoch oben über die Höhen und durch die Weinberge in das Tal von Kaysersberg. Wir fanden eine Stelle, an der wir einen Blick auf den Ort Kaysersberg werfen konnten. Auf der anderen Talseite ließ sich durch die Bäume schon unsere nächste Station, das Städtchen Ammerschwihr, erahnen. An dieser Stelle machten wir mitten in den Weinbergen eine Pause. Es hatte schon seit einiger Zeit aufgehört zu regnen und die Sonne schickte uns eine Ahnung von Wärme. Die Weinberge werden oft von allerlei Mauern begrenzt und befestigte Rampen leiten die Schritte in die Hänge. Auf einer solchen Rampe ließen wir uns nieder. Ich holte mein Sitzkissen, das ich für solche Fälle mitgenommen hatte, aus meinem Rucksack, blies es ein wenig auf und setzte mich auf den steinigen Untergrund. Ben suchte sich ein Plätzchen auf einer der Begrenzungsmauern und wir prüften unseren Proviant, um zu entscheiden, was wir in welcher Reihenfolge essen wollten. Ich teilte das Baguette und schnitt es auf. Ben meinte, ihm stehe der Sinn nach Ölsardinen und wir versuchten eine der beiden Ölsardinendosen zu öffnen. Wie immer in solchen Situationen brach natürlich die Deckellasche ab. Aber wir hatten ja noch unser Schweizer Messer, das immer hilft, wenn gar nichts mehr geht. So war es auch in diesem Falle. Mit Hilfe des Messers und ein wenig roher Gewalt ließ sich die Dose leicht öffnen. Zwar rochen jetzt alle Sachen nach Fisch, aber das war egal. Beim Essen bemerkten wir, dass ein paar Tomaten und Gurken gut zu dem Fischsandwich passen würden. Aber im Zeitalter der EHEC-Pandemie müssten wir sehr vorsichtig sein, wie Ben mit einem sehr sarkastischen Unterton bemerkte. Nachdem wir unser Mahl mit Hartwurst und Käse sowie ein, zwei Stücken Schokolade abgerundet hatten, meinte Ben, er wolle noch sitzen bleiben und die Aussicht genießen. Ich stand auf, gab ihm mein Sitzkissen und verließ ihn mit der Bemerkung, wir seien ja schließlich auf einer Pilgerreise und nicht auf der Flucht. Dann setzte ich mich auf ein nahes Mäuerchen um meine schmerzende Achillessehne zu massieren. Dafür hatte ich extra ein wenig Babyöl eingepackt. Während ich mich mit meiner Sehne beschäftigte, kündete ein leichtes Rasseln an, dass Ben eingeschlafen war. Ich hatte also alle Zeit der Welt.

Als die nahen Glocken sowie sämtliche Sirenen der Umgebung nacheinander ankündigten, dass die Mittagszeit erreicht war, tauchte Ben von seinem Schlafplatz auf und meinte, jetzt könne es weiter gehen.

Die Sonne sah davon ab, ihren Andeutungen Taten folgen zu lassen und ein kalter, unangenehmer Wind pfiff über die Weinberge. Wir waren froh, dass wir ab und an durch Waldstücke gingen, in denen der Wind nicht so unangenehm blies. Die Dörfer, durch die uns der Weg führte, waren alle adrett herausgeputzt. Der Weg war hervorragend markiert, so dass wir weder die Karte noch unseren Pilgerführer benötigten.

Vor der Kirche von Niedermorschwiher machten wir eine Pause und beobachteten eine Erzieherin, die lautstark versuchte eine Gruppe von lärmenden Kindern im Alter von 4 – 5 Jahren halbwegs diszipliniert über den Friedhof zu führen. Schmunzelnd stellten wir fest, dass es ihr nicht gelang. Die fröhliche Schar ließ sich zwar paarweise in einer Reihe aufstellen, aber eine Verringerung der Lautstärke und des Lachens erreichte die Erzieherin nicht.

Wir diskutierten, ob es sinnvoll sei, auf Friedhöfen Ruhe und Schweigen zu erwarten und sich ehrfürchtig zu benehmen. Dabei stellten wir Fragen: Für wen schweigen wir? Vor wem sind wir ehrfürchtig? Ist es der Respekt vor den Toten? Oder die Rücksichtnahme auf die Trauernden? Wir kamen zu dem Schluss, dass sich die Toten in einer anderen Welt befinden, in der nach der christlichen Lehre nu die Liebe herrscht. Ben war der Meinung, dass Wesen, die durchdrungen sind von unendlicher, nicht vorstellbarer Liebe, Schweigen, Ehrfurcht, Gelächter und insbesondere das fröhliche Lärmen von Kindern wenigstens tolerieren würden. Wahrscheinlich, so fügte er hinzu, würden sie Kindergeschrei oder Gelächter sogar gut heißen oder sich daran erfreuen. „Damit ihr so werdet wie die Kinder", murmelte ich vor mich hin. Während unseres Gespräches verschwand die Gruppe leiser werdend im Dorf.

Seit einiger Zeit schmerzte mein rechtes Knie. Das war für mich nichts Ungewöhnliches. Im Regelfall tauchten die Schmerzen während eines Anstiegs auf und verschwanden dann wieder, wenn der Weg in ein flaches Teilstück überging. Heute erfuhr ich die Ausnahme von dieser Regel. Ich erinnerte mich, dass ich eine Kniebandage eingepackt hatte. Nun durchsuchte ich meinen Rucksack nach diesem Hilfsmittel. Das Anlegen der Bandage war schnell erledigt, aber ich blieb skeptisch, ob sie helfen würde.

Der Weg folgte hinter Niedermorschwiher weiter den Höhenlinien. Wir riefen Frau Wasser in Turckheim an und fragten nach, ob wir bei ihr heute übernachten könnten. Sie erinnerte sich an unseren Besuch im letzten Jahr und wir waren froh, dass ihr Zimmer noch frei war. Nachdem das Nachtquartier gebucht war, stieg Ben's Laune auf der nach oben offenen Gute-Laune Skala weiter an. Wir passierten ein Haus, aus dem es verführerisch nach Schweinebraten oder gegrilltem Hähnchen duftete. Wir konnten uns nicht einigen, welches Fleischstück den Geruch ausgelöst hatte. Ben hatte sofort Appetit und überlegte kurz, ob er nicht um eine milde Gabe für durchreisende Pilger bitten sollte. Ich warf ihm einen kritischen Blick zu und er ließ von dem Gedanken ab.

Dafür erzählte Ben eine Geschichte von einem kleinen Wildschwein, das einer seiner Freunde im Wald gefunden und bei sich im Garten aufgezogen hat und das jetzt in einer Kühltruhe auf seine weitere Verwendung wartet. Leider ist es nicht möglich, auch ausgewachsene Wildschweine im Garten zu halten, da sie irgendwann die Rangordnung der Gruppe in Frage stellen und eine Konfrontation mit einem ausgewachsenen Wildschwein hat für einen Menschen einen ungewissen Ausgang.

Am frühen Nachmittag erreichten wir das Tal, in dem das schöne Städtchen Turckheim liegt. Turckheim konnte auch von oben gesehen seine mittelalterlichen Wurzeln nicht verbergen, obwohl die Stadt über diese Grenzen hinaus stark gewachsen war. Der Weg fällt den Hügel hinab ins Tal. Wir betraten die Stadt durch das Brandtor und waren sogleich von dem Flair gefangen. Die Muschel wies uns auch hier den Weg. Entlang des Weges waren Nägel aus Bronze in die Pflastersteine gehauen worden. Sie sollen den Pilgern den Weg zeigen. Wir beachteten sie nicht weiter, sondern wandten unsere Schritte direkt in Richtung Kirche. Ein Gedenkstein für die Pilger befindet sich an der Wand des alten Pfarrhauses.

Das Rathaus von Turckheim

Die Kirche war geöffnet und wir traten ein. Im Innenraum herrschte ein geschäftiges Treiben. Wir setzten uns, kehrten dabei ein wenig in uns und schauten eine Weile dem Pfarrer zu, der mit seinen Messdienern die Messe für den bevorstehenden Feiertag probte. Beim Hinausgehen bewunderten wir ein Gemälde des heiligen Jakob.

Auf dem Weg zu unserem Quartier passierten wir eine Bäckerei und mich verführte die Auslage mit Gugelhupfkuchen in unterschiedlichen Größen. Spontan entschloss ich mich, einen Kuchen zu kaufen. Ich brach ihn in zwei Teile und gab Ben den kleineren Teil. Wir aßen schweigend, während wir unseren Weg in Richtung unseres Quartiers fortsetzten.

Wir verließen den historischen Teil von Turckheim durch das Haupttor, nicht ohne einen Blick auf die Kirche und das Rathaus zu werfen, die beide hintereinander gestaffelt stehen und ein eindrucksvolles Panorama vermitteln. Das Haus von Frau Wasser liegt etwas außerhalb der Altstadt hinter dem Bahnhof auf der anderen Seite des Flüsschens Fecht. Es versteckt sich in einer Straßenflucht und fällt nur durch ein Hinweisschild auf, das für einen Handwerksbetrieb wirbt, der Möbel polstert. Es ist wie alle Häuser in der Straße einstöckig gebaut und ein Eisentor schirmt den Hof von der Straße ab. Wir klingelten und warteten. Eine Frau trat aus dem Hauseingang und kam über den kleinen Hof auf uns zu. Eine Katze nutzte den Moment der Unaufmerksamkeit und verschwand unter den Büschen des Hofes. Frau Wasser begrüßte uns herzlich mit einem verschmitzten Lächeln und meinte, wir würden den Weg ja noch kennen.

Das Zimmer lag neben einer überdachten Veranda. Wir betraten den Raum durch eine Balkontüre. Der Raum war mit einem großen breiten Doppelbett und zwei Polstergarnituren ausgestattet. Nach dem Duschen blieb uns bis zum Abend noch reichlich Zeit. Wir beschlossen den Wecker zu stellen und legten uns schlafen. Nach unserem Schlummer wachten wir erfrischt auf und suchten einen geeigneten Ort für das Abendessen.

Es war kurz vor 19:00 Uhr als wir durch das Haupttor wieder die Altstadt von Turckheim betraten. Der Besitzer eines Lebensmittelladens begann bereits sein Geschäft zu schließen. Es fiel uns ein, dass am nächsten Tag ein Feiertag war und so huschten wir noch schnell in den Laden, begleitet von einer ärgerlichen Bemerkung, dass das Geschäft gleich schließen wird. Bis auf ein Baguette ergänzten wir unseren Lebensmittelvorrat mit Käse, Hartwurst und Schokolade. Nachdem wir das Geschäft verlassen hatten, setzten wir unsere Suche fort. Wir fanden ein kleines Restaurant, dass in seiner Auslage mit verschiedenen Sorten Flammkuchen und Pizzen zu einem vernünftigen Preis warb. Die Einrichtung war zweckmäßig und funktionell ausgerichtet. Wir setzten uns in den hinteren Teil des Raumes und bestellten zwei verschiedene Sorten von Flammkuchen, einen Salat und je ein Glas Wein. Da das Lokal auch belgisches Leffe-Bier anbot, gönnten wir uns dieses Bier als Aperitif. Am

Nachbartisch saß ein Paar, das sich in Englisch unterhielt. Ansonsten war das Lokal leer. Wir aßen mit großem Appetit die leckeren Käseflammkuchen. Zum Nachtisch bestellte Ben sich einen Apfelflammkuchen, der mit Calvados flambiert serviert wurde. Ich aß ein wenig mit und wir fanden, dass wir uns nach der Anstrengung des ersten Tages diese Stärkung verdient hatten.

Nach dem Essen schlenderten wir noch ein wenig über Kopfsteinpflaster durch die stillen mittelalterlichen Gassen der Altstadt bis wir unsere Schritte in Richtung unseres Quartieres lenkten. Um 21:00 Uhr löschten wir für diesen Tag das Licht.

Mein Blick auf die Uhr verriet mir, dass es 02:45 Uhr war. Etwas musste mich aus dem Schlaf gerissen haben. Ich lauschte wie Ben sehr lautstark die bösen Geister aus unserem Zimmer vertrieb. Aber nicht dieses Geräusch hatte mich aufgeweckt. Mein rechtes Knie schmerzte und ich hatte Mühe, mich in eine angenehme Position zu bringen. Ich versuchte durch Strecken und Beugen Linderung zu erreichen, leider ohne Erfolg. Somit blieb mir nichts anderes übrig als Ben beim Geistervertreiben zuzuhören und darauf zu warten, dass ich wieder in das Reich der Träume glitt.

Der zweite Tag: Turckheim – Couvent St. Marc

„Pilger, es gibt keinen Weg. Der Weg entsteht beim Gehen."
(Antonio Machado)

Als ich mich am nächsten Morgen bei Ben über seine nächtlichen Aktivitäten beschwerte, meinte er nur lapidar, dass ich ihn sehr unterstützt hätte. Frau Wasser hatte neben unserem Zimmer in einem kleinen separaten Räumchen ein wunderbares Frühstück für uns angerichtet. Wir aßen mit Genuss und hofften, dass wir heute Morgen eine Bäckerei fänden, die am Feiertag Baguette verkauft. Ben war wie immer optimistisch. Nach dem Frühstück fachsimpelten wir mit Frau Wasser über ihre Kartäuserkatze. Die Figur der Katze erinnerte mich sehr an Garfield. Wir bezahlten unsere Unterkunft und begleitet mit den besten Wünschen von Frau Wasser setzten wir unseren Weg fort.

An der ersten Bäckerei, die sich hinter dem Haupttor befand, hatten wir Pech. Sie war geschlossen. Jetzt war guter Rat teuer. In einer Straße nahmen wir eine Menschenansammlung wahr und Bens Augen erspähten das Reklameschild einer Konditorei. Wir waren gerettet. Hinter dem Munstertor führte uns der Weg wieder über das Flüsschen Fecht. Die Ufer waren mit Staudenknöterich fast überwuchert. Ben schimpfte über die Pflanze, die in Europa eingewandert war, ganze Flusstäler überwuchert und einheimische Pflanzen verdrängt. Auf der Brücke schöpften zwei Männer mit Eimern Wasser aus dem Fluss. Wir fragten sie nach dem Weg. Sie antworteten wort- und gestenreich und wiesen in die auch von uns bevorzugte Richtung.

Der Weg führte an kleinen Nutzgärten und Feldern vorbei bis zu einer Schule für landwirtschaftliche Ausbildung. Ich horchte in mich hinein und stellte zu meiner Freude fest, dass sich meine Schwachstellen noch nicht gemeldet hatten. Mein Knie hatte sich während der zweiten Nachthälfte beruhigt. Hinter der Schule für Landwirtschaft stieg der Weg den Hang hinauf. Ben beschloss sicherheitshalber im Kloster St. Marc anzurufen und fragte nach, ob die Nonnen zwei Betten für uns frei haben. Die Schwester am anderen Ende der Telefonleitung bestätigte den Reservierungswunsch und wir konnten mit einem guten Gefühl den ersten Anstieg des Tages in Angriff nehmen. Der Aufstieg schien nicht enden zu wollen. Mitten im Berg meldeten sich trotz der Bandage meine Knieschmerzen wieder und die weiteren Schritte waren quälend und schwierig. Auf halber Höhe ging der Pfad in einen gemütlichen Wirtschaftsweg über, der jetzt nur noch mäßig den Hang hinaufkletterte. Am Denkmal für Aloyse Meyer, dem Gründungspräsidenten des Club Vosgien, fanden wir eine Bank.

Ausblick auf Wintzenheim

Wir legten eine Pause ein. Von der Bank aus hatten wir einen wunderbaren Blick hinüber zum Schwarzwald und auf das Städtchen Wintzenheim. Mauereidechsen besuchten uns und hofften in unseren Rücksäcken Beute machen zu können. Um uns herum wirbelten einige Mountainbiker und stürzten sich nach unserer Einschätzung todesmutig den Hang hinunter. Die Vegetation bestand aus jungen Esskastanienbäumen, Eichen und Buchen. Die Sonne hatte sich gegen die Wolken durchgesetzt und malte helle Lichtreflexe auf den Waldboden. Alles strahlte eine heitere Zufriedenheit aus.

Der weitere Weg führte zur Burg Hagueneck und verlief sanft am Hang entlang. Die Sonne verlieh dem Wald ein mediterranes Flair. Es fehlten nur der typische Geruch nach Kiefernharz und das ständige Zirpen der Grillen. Kurz vor Husseren les Chateaux stießen wir dann auf das mittelalterliche Schloss Hagueneck. Die Anlage soll aus dem 12ten Jahrhundert stammen und hat wie alle alten Burgen eine wechselvolle Geschichte hinter sich. Der Turm ist rechteckig gebaut und außen führt eine Wendeltreppe zu einer Plattform hinauf. Ich erklomm vorsichtig die Stufen und war froh, dass das Anwesen nicht gut besucht war. Mit einem Rucksack auf dem Rücken wäre die Kletterei auf der Wendeltreppe schwierig geworden. Nachdem ich einen Rundblick genommen hatte, machten wir es uns außerhalb der Anlage an einer sonnigen Stelle auf ein paar Steinen gemütlich und aßen unsere Verpflegung. Es gab Baguette, Dauerwurst und Comté. Alles garnierten wir mit ein wenig Senf aus dem Elsass. Als Nachtisch reichte ich leicht aromatisierte Schokolade. Als Begleiter wählten wir frisches Quellwasser mit eigener Kohlensäure versetzt. Es war einfach köstlich.

Aber auch die schönste Pause geht zu Ende und es folgte die Wirklichkeit. Der nächste Anstieg kam bestimmt. Da es meinem Knie nicht besser ging, regte ich an, oberhalb von Husseren les Chateaux auf einer kleinen Mauer neben der Straße eine weitere Pause zu machen. Ben ärgerte mich mit frechen Sprüchen und lachte. Dabei stieß er mit seinem Kopf an ein Straßenschild hinter seinem Rücken. Ich bedankte mich mit einem himmelwärts gerichteten Blick und der Bemerkung „Kleine Sünden bestraft der liebe Gott sofort". Bei dieser Bemerkung lachte ich und alles war wieder ausgeglichen. Nach der Pause verließen wir Husseren. Ben meinte, mein Tempo wäre sicher für einen Spaziergang an einem Sonntagnachmittag angemessen, aber nicht für eine Pilgerung. Ich wehrte mich mit dem Hinweis auf mein schmerzendes Knie. Hinter Husseren wehte uns plötzlich ein Duft von Kiefernharz um die Nase und ein paar Grillen ließen uns an ihrem Konzert teilhaben. Dominiert wurde das Grillenkonzert aber von den vielen Singvögeln, die uns immer mit ihrem Lied begleiteten.

Kurze Steigungen wechselten mit kleinen Flachpassagen ab. Oben auf der Höhe schwebten wir über einen breiten Forstweg dem Kloster entgegen. Das Kloster kündigte sich dadurch an, dass vor uns zwei Nonnen auftauchten, die die Führung zur Klosterpforte übernahmen.

Das erste Kloster wurde hier auf dem Berg im 7. Jahrhundert gegründet und durch die Überfälle im 10. Jahrhundert zerstört. Papst Leo IX ließ es wieder aufbauen und Benediktinermönche ansiedeln. Er weihte die neue Kirche im 11. Jahrhundert dem heiligen Markus. Diese Phase des Klosterbetriebes endete mit der Französischen Revolution.

Couvent St. Marc

Die Chronik des heutigen Klosters erzählt davon, dass der Couvent St. Marc das Gründungskloster der Schwestern vom Hl. Josef ist. Im Jahre 1845 wurde es von Abbé Pierre-Paul Blanck hier gegründet. Die damalige Klosterkirche diente später als Klosterkapelle. Das Hauptanliegen dieser Schwesterngemeinschaft liegt im Gebet, der Beschaulichkeit und in der Arbeit mit den Hände. Neben dem Klostereingang fiel die große Hauptkirche auf, die sich in die Klostermauern einfügt. Die daneben liegenden Gebäudekomplexe geben dem Kloster einen bedeutenden Charakter.

Über eine Überwachungskamera hatte man uns wohl kommen gesehen. Das erste Tor öffnete sich sehr schnell. Wir schlossen die Türe und der Weg führte über eine kleine, leicht ansteigende Fahrstraße neben der großen Kirche zur eigentlichen Klosterpforte. Aus einem Blumenbeet begrüßte uns die Statue des Hl. Jakobus.

Da wir angemeldet waren, waren die weiteren Formalitäten kein Problem. Wir erhielten unsere Zimmerschlüssel und die Schwester bot uns einen Kaffee an. Bei Kaffee und Keksen ließen wir den Tag an uns vorbeiziehen. Dann suchten wir unsere Zimmer auf. Da die Dusche auf dem Gang lag, sprachen wir uns kurz über die Reihenfolge der Nutzung ab und wuschen während der Wartezeit um unsere Sachen aus. Um 18:00 Uhr läuteten die Glocken zur Vesper in der Klosterkirche. Die Zahl der anwesenden Schwestern schätzten wir auf 20 Personen. Die Nonnen bildeten stimmlich einen sehr schönen Chor und gestalteten so eine spirituelle Feier. Nach der Vesper gingen wir direkt zum Abendessen, das wir zusammen mit den anderen Gästen des Klosters einnahmen.

Nach dem Abendessen setzten Ben und ich uns noch in den Klostergarten und ließen uns von der Abendsonne wärmen. Ein Ehepaar aus Thüringen gesellte sich zu uns. Ben tauschte sich mit ihnen über lohnende Ausflugsziele rund um die Stadt Dresden aus und wir informierten die beiden über interessante Reiseziele im Elsass. Sie berichteten, dass sie noch keinen Ort im Elsass besucht hätten, sondern nur ihrem Navigationssystem folgten. Scherzhaft tadelte ich ein solches Verhalten und warb für ein kleines Besuchsprogramm. Als es langsam dunkel und die Insekten lästiger wurden, wünschten wir uns gegenseitig eine gute Nacht und zogen uns auf unsere Zimmer zurück.

Der dritte Tag: Couvent St. Marc – Issenheim
„Heilige Orte bereichern und weiten die Seele."
(John O'Donohue)

Der Wecker klingelte wie immer viel zu früh. Ich ging über den Flur und klopfte an die Türe von Bens Schlafzimmer. Er antwortete sofort und gab mir das Gefühl, dass er schon lange wach war. Ich prüfte, ob alle Sachen trocken waren und packte meinen Rucksack. Um 8:00 Uhr standen wir mit unseren Rucksäcken im Frühstücksraum. Zum Frühstück gab es Kaffee in großen Tassen und Baguette, das zusammen mit Marmelade auf den Tisch gebröselt wurde. Nach dem Frühstück bezahlten wir und schafften es pünktlich zum Morgenlob in die nahe Klosterkapelle.

Die Kapelle wirkte nur von außen alt. Innen hatten die Schwestern sie zu einem hellen, modernen, weißen Gebetsraum umgebaut. Wir setzten uns in die letzte Reihe und lauschten dem Gesang der Schwestern. Dabei konnten wir beobachten, dass die Kommunikation auch in einem Kloster den irdischen Gesetzmäßigkeiten folgt. Die Vesper war im vollen Gange, als eine schon ältere Schwester den Raum der Kapelle betrat. Sie setzte sich auf die andere Bankseite ebenfalls in die letzte Reihe und schaute sich im Gebetsraum suchend um. Dann hatte sie eine

Schwester erspäht, die auf unserer Bankseite drei Bänke vor uns kniete. Sie zog aus ihrem Gebetbuch einen Zettel heraus und schlurfte ein paar Schritte nach vorne. Als sie die Bankreihe erreicht hatte, stieß sie die kniende Schwester an. Diese öffnete ihre gefalteten Hände und nahm den Zettel in Empfang, den sie hastig in ihrem Gewand verschwinden ließ. Die andere Schwester ging schwerfällig wieder zu ihrer Bank zurück und setze sich. Sie schien zufrieden zu sein. Die ganze Aktion war ohne großes Aufsehen und fast geräuschlos abgelaufen.

Da das Morgenlob nahtlos in einen Gottesdienst überging, passten wir eine kurze Pause ab, um die Kapelle zu verlassen, ohne die Gemeinschaft zu stören. Der erste Höhepunkt des Tages war die Aussicht auf Guebenschwihr und die Rheinebene mit dem angrenzenden Schwarzwald. Wir folgten dem Weg, der parallel zu den Höhenlinien angelegt war. Nach zwei Kilometern öffnete sich der Pfad zu sicher einem der spektakulärsten Ausblicke unserer diesjährigen Reise. Wir erreichten die Kapelle Notre Dame von Schauenberg.

Hier soll im 15. Jahrhundert eine Einsiedelei gegründet worden sein. Die Legende erzählt, dass eine Gräfin von Hessen dem Einsiedler eine kleine Madonna schenkte. Sie bat ihn, um

Heilung von ihrer schweren Krankheit zu beten. Als sie geheilt wurde, setzte eine rege Wallfahrt ein.

Die Kapelle Notre Dame de Schauenberg

Im 17. Jahrhundert bauten Mönche die heutige Kapelle. Die kleine Kapelle wird von Schwestern des Couvent St. Marc betreut und man kann hier auch übernachten. Das Anwesen hängt wie ein Möwennest am Fels und bietet einen 180° Grad

Panoramablick bis zu den Alpen und zum Mont Blanc. Die Sonne beleuchtete die gesamte Szenerie und wir konnten uns kaum von dem Anblick losreißen. Wir besuchten die schlicht ausgestattete Kapelle. Die Madonnenfigur befindet sich in einem Altar an der Seite. Eine Nonne spendierte einen Pilgerstempel, wobei sie darauf achtete, dass die Muttergottesfigur nicht auf dem Kopf stand. Außerdem bot sie uns etwas zu trinken an. Wir tranken mit Genuss und setzten unseren Weg fort.

Der Weg steigt direkt hinter der Kapelle Schauenberg den Hang weiter hinauf der Spitze des Hügels entgegen. Er ist eng und schmal und verläuft zeitweise direkt neben dem Abgrund. Ab und an lassen Lücken zwischen den Bäumen einen Blick auf die Landschaft zu und wir hielten jedes Mal an, um die Aussicht auf uns wirken zu lassen. Gott hat es in diesem Teil seiner Welt sehr gut mit den hier lebenden Menschen gemeint. An einer Bank musste ich anhalten, um meine Kniebandage zu richten, die keine bemerkbare Wirkung auf mein schmerzendes Knie ausübte. Aber ohne die Bandage hätte ich mich noch schlechter gefühlt. Der Weg windet sich immer schmaler werdend den Berg hinauf. Wieder wechseln sich Esskastanien und Eichen ab. Ich träumte von einem Maronenkuchen mit einer Schokoladenglasur. An den großen, abgeschliffenen runden Steinen, die halb aus dem weichen Waldboden des Weges herausschauten und an den

Begrenzungssteinen erkannten wir, dass wir uns auf altem Kulturwegen bewegten. Hier sind die Menschen seit Jahrhunderten unterwegs.

Gegen Mittag erreichten wir die Hochebene Zinnköpfle. Das Naturschutzgebiet Zinnköpfle verdankt seinen mediterranen Charakter seiner priviligierten Lage. Es ist vor starken Winden und Niederschlägen geschüzt. Die Pflanzenwelt hat sich in dem warmen und trockenen Klima eingerichtet. Hier finden sich viele auch seltene Pflanzen, wilde Orchideen wie die Bocksriemenzunge, Silberdisteln und Orobanchen. Orobanchen besitzen kein Chlorophyll und sehen immer wie verwelkt aus. Sie leben nur von ihrem Wirt und sind ein echter Parasit.

An der Oberkante des Zinnkoepfle weit oberhalb von Soultzmatt

Das Zinnköpfle ist ein offenes Gelände, in dem viele Schmetterlinge auf den Blüten der Pflanzen nach Nahrung suchen.

Am Rande der Hochebene, bevor der Weg steil in die Weinberge von Soultzmatt hinabstieg, fanden wir einen großen Balken, der uns als Sitzplatz für die Mittagspause diente. Die Sonne stach vom Himmel und es war kein Baum oder Strauch in der Nähe, der uns Schatten spendete. Dafür war der Ausblick auf Soultzmatt und die Umgebung grandios und die Ruhe und Stille entschädigten für die Hitze.

Ich kümmerte mich um die Baguettes und belegte sie mit unseren Standardzutaten. Während ich das Essen zubereitete, erlebten wir eine Überraschung. In unserem geplanten nächsten Zielort Guebwiller waren alle Betten belegt. Selbst die Pilgerherberge von Christophe war hoffnungslos überfüllt. Aber da Christophe als Pilgerführer alle und alles kennt, bot er uns eine Lösung an. Er regte an, im Kloster von Issenheim anzufragen. Um uns zu diesem Umweg zu motivieren, fügte er hinzu, dass Issenheim nur wenige Kilometer vom eigentlichen Jakobsweg entfernt läge. Am nächsten Tage könnten wir dann wieder leicht auf den Hauptweg treffen. Er gab uns die Telefonnummer. Christophe empfahl uns auch noch, nicht den im Pilgerführer beschriebenen Weg zu gehen, sondern über den nahen Hügel direkt auf unser Ziel zuzusteuern. Wir überprüften seine Angaben auf der Karte und konnten von hier oben in etwa erahnen, wo Issenheim liegt und wie wir laufen mussten.

Ben wählte die Telefonnummer des Klosters und wir hatten Glück. Uns wurde ein Obdach im Kloster für eine Nacht gewährt.

Das Essen schmeckte nach diesem Telefongespräch gleich viel besser.

Nach der Pause wagten wir den steilen Abstieg durch den Weinberg des Anbaugebietes Zinnköpfle. Jeder zweite Schritt schmerzte und ich quälte mich den Hang hinunter. Die Steilpassage wurde dann in einen Wirtschaftsweg überführt. Drei junge Mädchen kamen uns schwitzend entgegen. Sie vermittelten uns die Gewissheit, dass es bei diesen Temperaturen besser war den Berg hinunter zu gehen als ihn herauf zu klettern.

Unten an der Hauptstraße wandten wir uns nach links, um den vorgesehenen Weg zu finden. Leider fand sich an der Hauptstraße und in den Weinbergen kein Schatten und die Sonne brannte heiß vom Himmel. An der Heilig Kreuz Kapelle auf dem Bollenberg machten wir auf einer Bank im Schatten eines Baumes mit Blick auf Orschwihr eine Pause.

Die Kapelle auf dem Bollenberg

Hier im Schatten war es so ruhig und friedlich, dass wir gar nicht mehr weg wollten. Die bunten Häuser und Dächer von Orschwihr ließen uns darüber philosophieren, wie eine Farbe im Auge des Betrachters entsteht. Da wir beide Universallaien auf dem Gebiet der Chemie sind, hätte die Diskussion bei einem Physiker sicher ein Schmunzeln hervorgerufen. Wir konnten uns aber darauf verständigen, dass das Sonnenlicht aus Spektralfarben besteht.

Jeder Stoff absorbiere einen Teil des einfallenden Lichtes und reflektiere den anderen Teil. Der reflektierte Teil war der Farbanteil des Lichtes, den wir sahen. Der absorbierte Farbanteil des Lichtes verhält sich somit als Komplementärfarbe zu dem sichtbaren Teil. Ich muss zugeben, dass wir beide nicht von unserer Lösung überzeugt waren.

Ben hatte zugesagt, dass wir gegen 17:00 Uhr im Kloster sein werden, aber wir konnten nicht so genau abschätzen wie viel Zeit wir für den Weg noch brauchen würden. Da wir uns auf eine grobe Richtung geeinigt hatten und in diese Richtung auch ein Weg führte, gingen wir einfach geradeaus. Mit dem gefühlten Kompass im Herzen fand sich der Weg durch die folgenden Dörfer wie von selbst. Da wir schneller vorankamen als wir es vermutet hatten, legten wir kurz vor Issenheim im Schatten eines Baumes noch eine Rast ein. Unsere Ruhe wurde von vier jungen Franzosen gestört, die sich an dem nahen Picknicktisch mit Cola und Chips von ihrer anstrengenden Radtour erholten. Auf unsere Frage, wo denn das Kloster von Issenheim läge, erhielten wir als Antwort, dass sie es nicht wüssten, weil sie in einem anderen Ort wohnen. Also gingen wir weiter. Bei einer Dame, die in ihrem Vorgarten Unkraut zupfte, hatten wir mehr Glück. Sie beschrieb uns präzise den Weg, den wir gehen mussten. Nach kurzer Wegstrecke stießen wir tatsächlich genau auf das Kloster.

Von dem Kloster, das im 16. Jahrhundert gegründet wurde, war einzig der Torbau noch erhalten. Das Kloster war bis zur Französischen Revolution die Heimat des Issenheimer Altars, des Hauptwerks von Matthias Grünewald, gewesen. Die Klostertüre in dem alten Torbau stand offen und wir betraten einen großen Hof, in dem alte Bäumen gepflanzt waren. Er wird an drei Seiten von Gebäuden begrenzt und öffnet sich nach hinten zu einem Park, dessen Größe von der Eingangstüre aus nicht einsehbar ist. Der Straßenlärm blieb fast schlagartig hinter uns zurück. Kaum ein Laut war zu hören und kein Mensch zu sehen. Wir überlegten in welchem Gebäude wir unser Anliegen vorbringen könnten. Spontan entschieden wir uns für das Haus auf der linken Seite. Es hatte drei Geschosse. Eine Treppe führte zu einer alten Eingangstüre. Ben ignorierte die Klingel und öffnete die Türe. Sie war nicht verschlossen. Nach dem ersten vorsichtigen „Hallo" öffnete sich sofort an der linken Gangseite eine Türe und eine Dame betrat den Gang. Sie empfing uns wie eine Mutter, deren Söhne gerade von einer großen Tour nach Hause gekommen waren und von denen sie wusste, dass sie auf ihrer Tour unvorsichtig waren. Sie zeigte uns zwei nette Einzelzimmer und erklärte uns, wo sich die Pizzeria und das Dönerrestaurant im Ort befanden. Dann murmelte sie, dass sie noch einige Sachen zum Frühstück einkaufen müsste und schloss die Türe. Wir waren alleine.

Die Zimmer lagen nebeneinander und teilten sich eine Dusche und die Toilette. Es waren hohe Räume und die Möblierung war zweckmäßig: Bett, Tisch, zwei Stühle, ein Sessel und ein Schrank. Auf dem Tisch lagen Prospekte. Wir duschten und Ben beschloss bis zum Abendessen ein wenig zu ruhen, wie er sich üblicherweise ausdrückte. Ich behandelte inzwischen meine schmerzende Achillessehne und überlegte mir dabei, was ich noch gegen die Schmerzen in meinem Knie tun könnte. Da die Betten nicht bezogen waren, mussten wir unsere Bettenschlafsäcke einsetzen.

Ich mag diese Dinger nicht, weil sie mir zu eng und zu unbequem sind. Aber was half es. Um 19:00 Uhr machten wir uns auf den Weg zum Abendessen. Unsere Gastgeberin hatte sich nicht mehr blicken lassen. Die Pizzeria entpuppte sich als „Call a Pizza" und sagte uns daher nicht zu. Das Dönerrestaurant machte einen guten Eindruck. Wir hatten beide Lust auf Döner. Also suchten wir uns einen Tisch in der Nähe des Fensters, bestellten zwei „Döner komplett" und tranken dazu ein türkisches Bier mit dem wir auf den Abschluss des Tages anstießen.

So gestärkt machten wir uns auf den Rückweg zum Kloster und lustwandelten noch ein wenig im Klostergarten. Der Klostergarten war deutlich größer, als wir am Anfang gedacht hatten. In ihm wachsen viele Obstbäume. Die Kirschen waren schon reif und hingen in Griffhöhe. Unsere Gastgeberin hatte uns die Erlaubnis erteilt, die Kirschen zu pflücken und zu essen. So gab es zum Nachtisch gesundes Obst. Vor der Nachtruhe warfen wir noch einen Blick auf die Karte, um den Weg für den nächsten Tag zu planen

Die Kombination aus einem engen Bettenschlafsack und meinem schmerzenden Knie war nicht geeignet, eine erfüllte Nachtruhe zu finden. Ich überlegte, was ich tun könnte. Da die Knieschmerzen nicht dauernd anhielten und ich am Morgen meistens ohne Schmerzen aufwachte, musste es doch eine Möglichkeit geben, präventiv gegen den Störenfried vorzugehen. Ich erinnerte mich daran, dass mein Osteopath immer Lockerungsübungen für mein Knie angewendet hatte. Nur erinnerte ich mich leider nicht mehr dran, was er genau gemacht hatte. Also war ausprobieren angesagt. Ich setzte mich in dem dunklen Zimmer auf den Tisch und ließ kraftvoll die Beine schwingen. Das brachte etwas Linderung. Dann versuchte ich es mit anderen Bewegungsübungen. Aber das Ergebnis entsprach nicht meinen Vorstellungen. Entnervt krabbelte ich in meinen Schlafsack und versuchte durch diverse Haltungen eine schmerzfreie Stellung zu erreichen. Bei einer Übung merkte ich, wie der Schmerz tatsächlich zurückging und ich konnte endlich weiterschlafen.

In der restlichen Nacht träumte ich, wie ich mich in unserem Fußballstadion mit einem Fan anlegte. Es ereigneten sich immer wieder schreckliche Szenen, weil ich versuchte zu fliehen, ohne verprügelt zu werden. Es graute der Morgen, als ich aus einem unruhigen Schlaf erwachte. Im Nachbarzimmer heulten, wie öfters, die Wölfe.

Der vierte Tag: Issenheim – Thann
„Verliere niemals Dein Verlangen zu gehen."
(Sören Kierkegaard)

Der Wecker rettete mich um 6:30 Uhr. An Bens Türe klopfen, waschen und packen waren bewährte Handgriffe an jedem Morgen, die immer mehr zur Routine wurden. Um 7:30 Uhr saßen wir an einem schön gedeckten Frühstückstisch. Die Sonne strahlte mit der guten Laune von Ben um die Wette. Auch unsere Gastgeberin ließ sich von der heiteren Situation anstecken. Sie plauderte und erzählte, dass sie schon den Jakobsweg gepilgert sei. Auch sie hatte es nicht in einem Rutsch, sondern in Etappen durchgeführt. In diesem Jahr stand nun die letzte Etappe an. Sie wünschte uns eine gute Pilgerreise und wir verließen das Kloster und wendeten uns in Richtung Thann.

In einem am Wege liegenden Supermarché füllten wir unsere Vorräte auf. Der Weg durch Issenheim über die Soultzerstraße war leicht zu finden. Da er eine Variante des Jakobsweges darstellte, halfen uns die Wanderzeichen des Club Vosgien.

An einem Holzstoß mit Blick auf den Grand Ballon legten wir eine erste Pause ein. Dabei überholte uns eine Gruppe Pilger. Sie waren eindeutig an der Jakobsmuschel, die an einer Schnur befestigt am Rucksack baumelte, zu erkennen. Es war eine Gruppe von ca. 14 – 15 Männern und einer Frau. Sie kamen aus der Richtung von Guebwiller und wir vermuteten, dass sie unsere Bettenkonkurrenz waren. Also beschlossen wir, heute frühzeitig unser Nachtlager zu buchen. Als die Gruppe an uns vorbei ging, musterten wir uns gegenseitig.

Der Weg führte uns durch das Örtchen Jungholtz. Am Ende der Straße erhob sich die Kirche Notre Dame de Thierenbach. Wir sahen die Pilgergruppe über den Vorplatz gehen und in der Kirche verschwinden. Die Kirche wirkte majestätisch vor der Wald- und Bergkulisse der Vogesen. Von unserem Standort aus gesehen erhob sich zur Linken der Glockenturm und daneben baute sich ein mächtiges Kirchenschiff auf. Mit dem Vorplatz und dem schön gestalteten Zufahrtsweg wirkte das Kirchengebäude sehr einladend.

Die Kirche Notre Dame de Thierenbach ist ein bedeutender Wallfahrtsort im Elsass. Sie geht auf eine Klostergründung im 8. Jahrhundert zurück und war im Mittelalter ein wichtiger sakraler Ort für Pilger auf ihrem Weg nach Santiago de Compostela. Wir befanden uns auf historischem Boden. Nachdem wir die Kirche durch das mächtige Hauptportal betreten hatten empfing uns eine ehrfürchtige Stille. Plötzlich setzte die mächtige Orgel ein und begleitete uns auf unserem Rundgang durch die Kirche. Auf Grund der langen Geschichte als wichtige Pilgerkirche beherbergt sie sehr schöne Bilder, Statuen und Altäre. Vom Haupteingang aus gesehen auf der linken Seite öffnet sich ein Durchgang und wir betraten den weltlichen Teil der Basilika.

Hier finden sich in kleineren Geschäften Kerzen, Rosenkränze, Kreuze und andere Sachen, die ein Besucher gerne mit nach Hause nimmt. Auf Grund der Bedeutung dieses Ortes suchte ich jemanden, der mir einen Pilgerstempel geben konnte. Aber die Kasse in dem kleinen Geschäft war verwaist. Nur eine Gruppe von interessierten Gästen befand sich in dem Geschäft. Von unserer Pilgergruppe war weit und breit nichts zu sehen. Da trotz meiner intensiven Bemühungen niemand zu finden war, der mir einen Pilgerstempel geben konnte, gingen wir weiter zu einem nahen Brunnen und legten auf einer Bank die Rücksäcke ab.

Ben nahm die Karte zur Hand, um nachzuschauen, wie der Weg wohl weiter verlaufen würde. Wir hatten vor der Kirche unsere Pilgermarkierung aus den Augen verloren. Ich deutete Ben an, dass ich noch einen weiteren Versuch unternehmen würde, um mir doch noch meinen Pilgerstempel zu holen.
Auf dem halben Weg zurück zu dem Laden kam mir ein Mann entgegen. Er war vielleicht 175 cm groß, hatte ein graues T-Shirt

und Treckingsandalen an. Er wirkte sportlich und bewegte sich sehr geschmeidig. Daher war sein Alter für mich nur sehr schwer zu schätzen. Er trat auf mich zu und fragte: „Suchst Du Wasser?" Ich verneinte und zeigte stattdessen meinen Pilgerausweis, der in Frankreich Credencial genannt wird, und meinte: „Ich suche jemanden, der mir einen Pilgerstempel gibt". Der Mann murmelte etwas, was sich so wie „Das Geschäft ist zur Zeit nicht besetzt" anhörte. Er blieb stehen, was mich dazu veranlasste, meinen Weg zum Laden nicht fortzusetzen. Dann fragte er mich, wo ich denn hinwolle? Ich erzählte ihm kurz, während ich auf Ben zeigte, dass mein Freund und ich auf dem Jakobsweg in Richtung Thann unterwegs seien. Er erklärte mir auf Deutsch, in das er jetzt auch ein paar französische Begriffe einstreute, wie ich weiter zu gehen habe. Während seiner Erklärung hatten wir uns gemeinsam in Richtung Ben gewandt, der bereits ungeduldig in meine Richtung schaute.

Ben begrüßte den Mann auf Französisch. Sogleich wiederholte dieser seine Wegbeschreibung sicherheitshalber für Ben in französischer Sprache. Er ergänzte sein Informationsbedürfnis mit der Frage, ob wir denn schon zwei Betten für die Nacht hätten. Ben verneinte die Frage, fügte aber zuversichtlich hinzu, dass wir über ein paar Adressen für Unterkünfte verfügen würden. Der Franzose schüttelte skeptisch seinen Kopf. Er erzählte, dass eine

Gruppe von 20 Pilgern nach Thann unterwegs sei. Der erste Teil der Gruppe sei bereits hier am Treffpunkt der Kirche Notre Dame de Thierenbach angekommen und er wartete jetzt auf den zweiten Teil der Gruppe. Unsere Vermutung über die Bettenkonkurrenz war also richtig gewesen. Die Gruppe hatte uns schon die Betten in Guebwiller streitig gemacht und blockierte jetzt natürlich auch Betten in Thann.

Aber der Mann bot uns seine Hilfe an. Er fragte, ob wir bei der Quartiersuche flexibel seien. Was für eine Frage. Natürlich waren wir flexibel. Er lächelte, als wir die Frage so bejahten und meinte, dass er in Thann und Umgebung über Kontakte zu Menschen verfügen würde, die Pilger für eine Nacht aufnehmen. Er bat uns um eine Handynummer und versprach, sich im Laufe des Tages zu melden. Wir sollten ruhig unsere Reise fortsetzen, er würde unser Übernachtungsproblem lösen.

Ich gab ihm meine Nummer und schrieb mir seinen Namen und seine Telefonnummer auf. Sein Name war Charles. Zum Schluss wies er noch daraufhin, dass oben im Wald eine Motorcrossveranstaltung stattfände und es an der einen oder anderen Stelle etwas komisch werden könnte. Wir verabschiedeten uns sehr herzlich voneinander und jeder ging seiner Wege.

Ben und ich waren sehr beeindruckt. Auch für diese Nacht löste sich ein Knoten. Wir fanden den Weg so vor, wie Charles ihn beschrieben hatte. Die Motorräder störten uns nicht. Sie füllten lediglich den schönen Wald mit ihren Abgasen. Hinter einer Absperrung war dann der ganze Spuk vorbei. Nach kurzer Zeit waren wir wieder alleine und das Motorengeräusch verschwand in den Weiten der Wälder der Vogesen. Auf dem breiten Waldweg tanzten die Lichtreflexe. Die Aussicht, auch für die nächste Nacht ein Bett zu erhalten, verbunden mit dem warmen Wetter und dem Gezwitscher der Vögel, ließ bei uns eine heitere Stimmung einziehen.

Wir erreichten das Waldgebiet des Hartmannswillerkopfes. Die Bergkuppe Hartmannswillerkopf war ein wichtiges Schlachtfeld im Ersten Weltkrieg. Franzosen und Deutsche kämpften um dieses Gebiet fast den ganzen Krieg lang. Am Wegesrand waren die Ruinen eines Verteidigungssystems und die Topografie der Schützengräben zu erkennen. Bunkerreste säumten den Weg und hielten die Erinnerung an die vielen Soldaten wach, die hier gekämpft und ihr Leben gelassen hatten. Ab und an zeugten Blumensträuße an Wegtafeln und Bunker vom Gedenken an die Gefallenen.

Alte Bunker am Hartmannswillerkopf

Auf einer kleinen Lichtung neben einem großen Wegkreuz stand auf einem sonnendurchfluteten Platz eine Bank mit einem Picknicktisch. Ich regte an, eine Pause zu machen und wir stärkten uns mit Brot, Käse, Wurst, Schokolade und Wasser. Unser Wasserkonsum lag im Regelfall bei insgesamt 3 - 4 Litern pro Tag. Das waren aber auch 3 - 4 kg zusätzliches Gepäck, das wir tragen mussten.

Die Sirene einer entfernt liegenden Fabrik kündete an, dass es 12:00 Uhr Mittag war. In diesem Augenblick klingelte mein Handy. Es zeigte eine mir unbekannte Nummer an und wir ahnten beide, dass es unser Helfer Charles sein musste. Da Ben gut mit der französischen Sprache zurechtkommt, reichte ich ihm das Telefon. Es war wie erwartet Charles. Das Gespräch verlief auf unserer Seite sehr einsilbig. Ben sagte nur oui, oui, oui oder no, no, no und zum Schluß o.k. Dann reichte er mir das Telefon zurück. Ich kappte die Verbindung und sah Ben fragend an. Er grinste verschmitzt. Charles hatte ihm gesagt, dass in Thann und Umgebung kein freies Bett mehr zu finden sei. Doch Charles wusste für diesen Fall eine Lösung. Er schlug uns vor unseren Pilgerweg bis zur Kirche in Thann fortzusetzen. Dort sollten wir ihn anrufen und er würde uns abholen. Wir könnten bei ihm und seiner Frau in Soultz übernachten. Am nächsten Tag würde er uns dann wieder zum Startpunkt in Thann zurückbringen. Wir waren verblüfft und gleichzeitig begeistert. Ein uns fremder Mensch, mit dem wir gerade mal zehn Minuten gesprochen hatten, machte uns ein so tolles Angebot. Da sich alles wieder so schön gefügt hatte, genossen wir auf unserem Platz noch ein wenig die Sonnenstrahlen. Als unsere Bettenkonkurrenz, die jetzt auf ihre maximale Größe angewachsen war, an uns vorbeizog, grüßten wir freundlich. Die Jakobsmuscheln klapperten an den Rücksäcken ls die Gruppe hinter der nächsten Biegung des Weges verschwand.

Der Weg wurde mit jedem Schritt schöner. Ben entdeckte immer etwas am Wegesrand. Hier machte er mich auf eine seltene Pflanze aufmerksam, dort huschte ein Eichhörnchen über den Weg. Ich für meinen Teil wäre an vielen Pflanzen achtlos vorbei gegangen. Ein Wegkreuz bot uns diesmal einen Ablass für 100 Tage an. Auch hier nahmen wir das Angebot gerne entgegen. In Uffholz trafen wir auch unsere Pilgergruppe wieder, die sich neben der Kirche von ihren Strapazen erholte. Es war wie immer bei einer so großen Wander- oder Pilgergruppe. Einige waren richtig fit und guter Dinge, während andere Teilnehmer im Schatten saßen und so richtig geschafft aussahen. Hier war es nicht anders. Wir wechselten ein paar freundliche Worte und erfuhren, dass die Gruppe aus Tübingen kam und 5 Tage durch das Elsass pilgerte. Danach war für dieses Jahr Schluss. Aber die meisten Gruppenmitglieder dachten über eine Fortsetzung im nächsten Jahr nach.

Nachdenklich zogen wir weiter. Wir diskutierten darüber, ob das Pilgern in einer so großen Gruppe für uns in Frage kommt. Wir kamen in unserer Diskussion zu einem negativen Ergebnis. Für uns war ein wichtiger Gedanke, dass man den Weg nutzen sollte, um zu sich selber zu finden. In Gästebücher hatte ich oft den Gedanken geschrieben: Pilgern ist Beten mit den Füßen. Wir bezweifelten, dass solche Erwartungen in einer großen Gruppe tatsächlich erfüllt werden können. Außerdem wirkten die Muscheln auf den Rücksäcken nach unserer Einschätzung touristisch. Aber wir wollen nicht lästern. Jeder sucht einen anderen Einstieg in dieses Thema und es gibt nun mal keinen richtigen oder falschen Weg. Es gibt immer nur einen anderen Weg zum eigenen Ziel.

Als wir Uffholz verlassen hatten, machten wir im Schatten von Bäumen eine Pause bis Ben die Zecken entdeckte, die an seinem Arm hinauf krabbelten. Er streifte sie blitzschnell ab und bewegte sich sofort wieder in Richtung des Wirtschaftsweges mit der Bemerkung, er müsse hier weg. Dann zog er sein Hemd aus und ich musste ihn untersuchen. Tatsächlich hatte sich ein Blutsauger in seinem Oberarm festgebissen. Ich erhielt eine Zeckenzange und entfernte den Störenfried. Da wir keine anderen Stellen entdecken konnten, die befallen waren, setzten wir die Pilgerung fort.

Den Ort Cernay passierten wir linker Hand. Weiter führte uns der Weg in Richtung Thann und stieg dabei hinauf in die Weinberge, die hier eine südliche Ausrichtung hatten. Es war heiß und wir machten im Schatten einer Hecke eine kurze Verschnaufpause. Ein Geschwisterpaar überholte uns und stieg behände den Hang hinauf. Wir verloren sie nach einer gewissen Zeit aus den Augen.

Auf der Höhe angekommen, kam uns das Paar entgegen. Wir bemerkten, dass sie uns etwas sagen wollten und Ben sprach die junge Dame an. Sie erklärte uns, dass sie ein gutes Wegstück voraus eine Wildsau mit ihren Frischlingen gesehen hatte, die sich auf dem Weg tummelten. Daher waren sie und ihr Bruder vorsichtshalber umgekehrt. Eine solche Begegnung könne gefährlich werden, meinte sie. Wir fragten sie, wie wir das Wildschwein umgehen und trotzdem nach Thann gelangen könnten. Sie erklärte uns, dass, wenn wir den Weinberg noch weiter hinaufsteigen, oben im Wald der Weg uns nach Thann führen würde. Dabei wandte sie sich zum Gehen und die Beiden gingen leichten Schrittes voran, während wir in der Hitze des frühen Nachmittags hinterher stapften.

Weinberge können auch im Elsass richtig steil sein. Steile Berge sind anstrengend. Daher war es eine Wohltat, als wir oben schnaufend und schwitzend ankamen und uns der Wald mit angenehmer Kühle empfing. Nach einiger Zeit blieben unsere beiden Führer stehen und zeigten auf einen nach links abzweigenden Waldweg während sie in eine andere Richtung entschwanden.

Wir blieben stehen, lauschten den Geräuschen des Waldes und stellten fest, dass sich neben dem Konzert der Vögel auch noch das Summen und Brummen der Insekten gesellt hatte. In den Wipfeln der Bäume musste ein reger Verkehr herrschen. Untermalt wurde die Lautsymphonie noch durch das rhythmische Klopfen eines Spechtes.

Der Abstieg nach Thann war angenehm. Er ging an alten Trockenmauern vorbei, die jetzt mit Unterstützung der EU restauriert werden. Wir vermuteten, dass hier in früheren Zeiten Weinberge angelegt worden waren, die irgendwann zu Gunsten besserer Lagen aufgegeben wurden. In der Zwischenzeit hatte der Wald den Hang wieder in Besitz genommen. Jetzt hielt der Wald die Hitze des Tages von uns fern und der Ort Vieux Thann zog nur durch die Bäume schimmernd an uns vorbei.

Im Tal musste ich auf einem Stein eine Pause einlegen, weil meine Achillessehne und mein Knie ein wenig Ruhe einforderten. Als wir die ersten Häuser von Thann erblickten, nahmen wir am Ende des Weges ein Auto wahr, das uns mit seiner Lichthupe Zeichen gab. Sollte der Fahrer schon unser Helfer Charles sein? Der Wagen parkte im Schatten eines Baumes. Als wir ihn erreichten, stieg Charles mit breitem Lachen aus seinem Auto begrüßte uns und lud uns ein in seinen Citroen einzusteigen. Wir verließen Thann und fuhren in schneller Fahrt zurück in Richtung Soultz.

Ben saß vorne und führte die Unterhaltung auf Französisch. Ich schaute mir die Gegend an und streute ab und zu eine Frage ein. Da Charles sehr gut Deutsch sprach, erhielt ich dann seine Antwort in einer Mischung aus Deutsch und Französisch. Ab und an sahen wir zu den Steilstücken empor und wiesen uns gegenseitig auf Punkte hin, die wir auf unserem Weg nach Thann erreicht und überwunden hatten.

Nach kurzer Fahrt erreichten wir das Städtchen Soultz. Der Name bedeutet soviel wie „gesalzene Quelle". Die Ursprünge der Stadt gehen auf das 7te Jahrhundert zurück. Die Stadt erlebte bis heute eine wechselvolle Geschichte. Das Haus von Charles liegt in der Altstadt von Soultz und stammt aus dem 18ten Jahrhundert. Es versteckt sich in einer Häuserreihe und ist wie alle Häuser in seiner Umgebung einstöckig gebaut. An der Eingangstüre wurden wir von Charles Frau Danielle begrüßt. Sie hatte uns bereits am Morgen des Tages in Jungholtz wahrgenommen. Sie war die Frau in der Pilgergruppe, der wir vor der Kirche Notre Dame de Thierenbach begegnet waren. Nachdem wir die Rucksäcke abgelegt hatten, wurden wir in den kleinen Garten gebeten und erhielten eine Erfrischung gereicht. Charles erzählte uns, dass er bereits dreimal nach Santiago de Compostela gepilgert sei. Danielle und er sind auf verschiedenen Abschnitten des Jakobsweges in Frankreich und Spanien unterwegs gewesen. Sie sind Mitglieder der Jakobusgesellschaft des Elsass und betreuen in ihrem Haus Pilger. Wir erzählten Danille und Charles woher wir kammen und wo wir Zuhause waren. Ben fügte noch ein paar Details über unsere berufliche Tätigkeiten ein. Nachdem wir uns so ein wenig kennengelernt hatten, gab es die notwendigen Instruktionen für das weitere Zusammenleben in den nächsten zwölf Stunden.

Wir zogen unsere Hausschuhe an und kletterten die steile Treppe hinauf ins Dachgeschoss, wo die beiden ihre Pilgergäste unterbringen. Dann schaute Danielle unsere Rücksäcke an und war entsetzt. Alles sei viel zu schwer, meinte sie. Charles und sie hatten auf ihren Pilgerreisen in puncto Gewicht alles optimiert. Sie zeigte uns ihre ganz leichten Triathlonschuhe, die sie als Hausschuhe einsetzt, die aber auch als Zweitschuhe dienen könnten. Charles Rucksack war das leichteste Gepäckstück, das sie erwerben konnten. Regenjacken und die Kleidung wurden nur nach Gewicht und Funktion gekauft. Charles, erzählte Danielle schmunzelnd, schnitt sogar die Etiketten aus den Sachen heraus, weil jedes gesparte Gramm einen Gewichtsvorteil bringt. Sie schmunzelte, als sie uns erzählte, dass wir ihr schon bei unserer ersten Begegnung vor der Kirche Notre Dame de Thierenbach als schlechte Pilger aufgefallen waren. Wir würden zu viel Wasser mitnehmen. Unser Gegenargument, wir müssten bei der Hitze viel trinken, ließ Danielle gelten. Aber, so meinte sie, es sei nicht notwendig, ständig zwei volle Flaschen zu tragen. Nach ihrer Ansicht gäbe es auf jedem Friedhof frisches Wasser und so fuhr sie fort, einen Friedhof gäbe es in jedem Ort. Die Toten würden sich über die Besuche von Pilgern freuen und gäben gerne ihr Wasser her, führte sie leise vor sich hinlächelnd aus. Charles ergänzte unsere Weiterbildung in Sachen „Richtiges Pilgern leicht gemacht" um den Hinweis, dass es kein Problem wäre, an einem Haus zu klingeln und die dort lebenden Menschen um Wasser zu bitten. Sie wären noch nie abgewiesen worden. Außerdem würden sich fast immer Gespräche entwickeln, die oft sehr interessant seien. Danielle meinte, sie würde auf ihren Touren nur 5-6 kg Gepäck mitnehmen, während Charles auf 8 kg Gepäck käme.

Wir duschten unsere müden Körper und genossen das heiße Wasser mit seiner belebenden Kraft. Später trafen wir Danielle und Charles in ihrem Wohnzimmer auf der ersten Etage. Der Fernseher lief und zeigte Ausschnitte aus einem Fußballspiel mit Beteiligung der deutschen Nationalmannschaft. Ben und Charles setzten sich vor den Computer und Charles erklärte uns, dass es schwierig wird, auf dem Teilstück nach Belfort in der Region von Franche Comté Übernachtungsmöglichkeiten zu finden. Aber wir sollten unbesorgt sein, er würde uns mit seinen Kontakten helfen.

Der moderne Pilger ist auch immer ein Kind seiner Zeit. Das Internet hatte die Berichte früherer Pilgergenerationen über das Wohl und Wehe während einer Pilgerreise übernommen. Daher war es für Charles selbstverständlich, neben dem Telefon auch die Informationen aus dem Internet zu nutzen. Charles bemühte sich, Quartiere für die nächsten Tage zu finden. Ab und an schaute sein Kopf hinter dem Monitor hervor und er stellte Fragen, bis zu welchem Ort wir laufen wollten. Wir meinten, dass wir das Städtchen Gy für eine gute Wahl hielten, aber grundsätzlich flexibel seien. Wichtig wäre für uns, einen Endpunkt zu finden, von dem wir den Zug zurück ins Elsass nehmen könnten und der im nächsten Jahr gut als Startort geeignet sei.

Somit recherchierte Charles auch nach einer Lösung für diesen Punkt. Er saß an seinem Computer, rief diese und jene Seite auf und zeigte uns die eine oder andere Alternative. Danielle kümmerte sich um das Abendessen.

Als das Essen zubereitet war, bat uns Danielle zu Tisch und Charles verkündete sein Ergebnis. Er riet uns, so wie wir es auch geplant hatten, Belfort mit dem Bus zu durchqueren. Zur Unterstützung seiner Idee hatte er auch gleich die richtigen Busverbindungen herausgesucht und ausgedruckt. Zusätzlich hatte er 7 km hinter Belfort in Mandrevillars bei einer Familie eine Bleibe für die Nacht festgemacht. In der Ferme Auberge Isidore als dem dann folgenden Etappenziel wurde ebenfalls ein Zimmer für uns reserviert.

Außerdem regte Charles an, wir sollten die dann folgende Etappe, die nach den Angaben unseres Pilgerführers über 32 km gehen sollte, in zwei Etappen aufteilen. Er hätte in Onans, einem Ort, der etwa 6 km neben dem Weg läge, ein Quartier für uns gebucht. Das Haus der Dame sei ganz leicht zu finden, da ihr Mann eine bekannte Persönlichkeit gewesen sei. Daher würde jeder Bewohner in Onans und Umgebung sie und die Lage ihres Hauses kennen. Außerdem erhielt Charles die Zusage, dass uns die Dame am nächsten Tage mit ihrem Auto zum Einstiegspunkt des Jakobsweges fahren würde. So würde aus einer 32 km Etappe zwar eine Etappe mit einer Länge von 36 bis 37 km. Aber so tröstete uns Charles, die Strecke würde sich auf zwei Tage verteilen.

Uns war es recht. Die Anregung passte zu unserer Entscheidung. Im Laufe der letzten Tage hatten wir uns von dem Anspruch verabschiedet, exakt den vorgegebenen Weg laufen zu müssen. Dabei prägten wir ein neues Motto: „Wo wir laufen, da ist der Jakobsweg". Der Weg war nicht die Strecke an sich, sondern die innere Haltung dazu. Der inneren Einstellung sei es im Zweifel egal, welche Wegstrecke zurückgelegt wird, meinte Ben im Laufe eines Gesprächs. Außerdem hatten wir angefangen, die Geschwindigkeit aus unserem Gehen herauszunehmen. Auf Grund meiner Knie- und Sehnenprobleme, durch die ich nicht so schnell laufen konnte, hatten wir festgestellt, dass ein langsameres Gehen uns viel mehr gab. Die Landschaft, die Umgebung, die Vögel, die Pflanzen und die Gedanken, einfach alles ließ sich deutlich besser wahrnehmen. Daher verloren Etappenziele sehr viel von ihrer Bestimmtheit. Charles Anregungen passten hervorragend in unser neues Pilgerkonzept.

Danielle teilte das Abendessen gemäß französischer Sitte als Menü in drei Gänge auf. Es war gut, reichlich und schmeckte sehr lecker. Nach dem Essen stand Rugby auf dem Programm. Charles war ein großer Rugbyfan. An diesem Abend fand ein wichtiges Spiel der beiden besten französischen Mannschaften statt. Da weder Ben noch ich die Regeln kannten, erklärte Charles uns die wichtigen Dinge während des Spiels in einer Sprachmischung aus Französisch und Deutsch. Der Abpfiff des Spiels beendete auch den Tag. Wir kletterten auf unseren Dachboden und in unsere Betten. Es war die erste Nacht ohne Knieschmerzen. Ich nahm es als ein gutes Zeichen und hörte Ben noch ein wenig beim Schnarchen zu, bis ich selber eingeschlafen war.

Der fünfte Tag: Thann – Bellmagny
„In uns oder nirgends ist die Ewigkeit mit ihren Welten."
(Novalis)

Der Wecker säuselte uns schon sehr früh aus den Betten. Aus der Küche im ersten Stock waren Arbeitsgeräusche zu hören. Danielle war dabei, das Frühstück zuzubereiten. Charles half ich dabei. Wir kletterten hinunter, wünschten einen guten Morgen und stärkten uns mit einem guten französischen Frühstück. Als wir fertig waren und unser Gepäck im Auto verstaut hatten, schossen wir noch einige Erinnerungsfotos.

Charles und Danielle boten uns an, dass wir immer mit ihnen telefonieren dürften, wenn wir glaubten, ihre Hilfe zu benötigen. Wir bedankten uns für die tolle Unterstützung. Beide meinten, wenn wir nicht mehr weiter wüssten, wäre es insbesondere in den kleinen französischen Orten immer eine gute Idee, nach dem Bürgermeister zu fragen. Jeder Ort hat einen Bürgermeister und im Regelfall sieht dieser es als seine Pflicht an zu helfen. Sie hätten noch stundenlang erzählen können. Aber wir mussten unsere Etappe starten, Charles mahnte zum Einsteigen und es ging los zu unserem Startpunkt in Richtung Thann. Die Fahrt war in diesen frühen Morgenstunden nur kurz. Am Startpunkt angekommen gab uns Charles noch ein paar Hinweise mit auf den

Weg. Er vermittelte uns beiden das Gefühl, dass er am liebsten seinen Rucksack gepackt hätte und mitgekommen wäre. Ben umschrieb es mit den Worten, für ihn sei Charles die Personifizierung des Fernweh.

Das Ende der Weinberge hinter Thann

Die Landschaft hinter dem Städtchen Thann unterschied sich sehr stark von der Landschaft vor dem Ort Thann. Ab jetzt hörte der Weinanbau auf und wir wurden von Kornfeldern und Gemüseäckern begleitet. Manche Ausblicke erinnerten an die

Mittelgebirgslandschaft der Eifel oder der Ardennen. Das Laufen war sehr ereignisarm. Wir begegneten keinem Menschen. Nur ab und zu kläffte uns ein Hund an, wenn wir ein Gehöft oder ein Haus passierten. Im Gegensatz zum übrigen Elsass konnten die Dörfer mit keinen besonderen Merkmalen aufwarten. Der erste Höhepunkt des Tages war die Kapelle Notre Dame des Bouleaux mitten im Wald. Sie war geöffnet und so setzten wir uns auf Stühle im hinteren Teil der Kapelle. Für unsere Mittagspause suchten wir einen Platz im Schatten und wegen der Zecken sollte er ohne Gras sein. Auf einer gerodeten Lichtung in der Nähe eines Bachlaufes fanden wir zwei Baumstümpfe, die uns zusagten. Wir aßen schweigend. Ab und an trafen die Geräusche einer nahen Straße auf unser Ohr. In dem Bach an unserer Seite platschte es ab und an und auf dem Wasser bildeten sich dann kleine Kreise. Ben erläuterte mir, dass er sich in diesem Bachlauf sehr gut Amphibien vorstellen könnte. Leider blieb uns nicht die Zeit, seine These zu überprüfen und so sahen wir den bunten Libellen bei ihrem Flug über den sonnigen Bach zu.

Nach dem Essen folgten wir wieder dem gut ausgewiesenen Weg. Die Menschen vom Club Vosgien hatten ganz hervorragende Arbeit geleistet. Wenn man beachtet, dass das Muschelpiktogramm keine Richtung vorgibt, sondern nur da ist, kann nichts schiefgehen. Außerdem beschrieb unser Pilgerführer noch andere Wanderzeichen zur Unterstützung. Ein Verlaufen war also kaum möglich, wenn wir an den Wegkreuzungen ein wenig aufmerksam waren. Wir waren so gut in der Zeit, dass wir hinter dem Ort Bretten an einer besonders schönen Stelle auf einer Bank noch eine Pause einlegten, uns von der Sonne wärmen und die Eindrücke des Tages auf uns wirken ließen. In der Nähe spielten Kinder und die Insekten flogen summend um uns herum. Es war das reinste Idyll.

Am frühen Nachmittag erreichten wir das Kloster von Bellemagny. Es ist die Benediktinerinnenabtei Couvent St. Joseph. Das Kloster liegt auf einer kleinen Anhöhe. Zusammen mit den umliegenden Häusern vermittelt es den Charakter eines kleinen Weilers. Das Kloster verfügt über verschiedene Zugänge. Wir wählten den ersten, wendeten uns von der Straße kommend nach rechts und gingen über einen kleinen Fahrweg direkt auf die Klosterkirche zu.

Das Kloster Bellemagny ist eine wichtige Pilgerherberge auf dem Jakobsweg nach Santiago de Compostela. Außerdem betreiben die Schwestern in Bellemagny ein Altenheim, das direkt neben dem Kloster liegt.

Die Kirche des Klosters von Bellemagny

Die Schwesternschaft wurde 1851 in Bellemagny von dem Priester Alois Faller gegründet. Die Schwestern leben nach der benediktinischen Spiritualität, widmen sich karitativen Werken, besonders der Jugenderziehung und pflegen die ewige Anbetung der Eucharistie. So verweilt jede Schwester täglich eine Stunde betend vor dem Allerheiligsten.

Wir betraten die Klosterkirche und brauchten eine Weile, bis sich unsere Augen an das dämmrige Licht gewöhnt hatten. Wir setzten uns nach einem Rundgang in eine der Bänke. Die Kirche war so aufgeteilt, wie es in vielen Klosterkirchen zu beobachten ist. Es gibt einen Teil für die Schwestern und einen Teil für die Gläubigen. Beide Bereiche sind strikt voneinander getrennt. Im Couvent St. Marc konnten wir eine solch strikte Trennung dagegen nicht beobachten. Als wir die Kirche wieder verließen, blendete uns das helle Sonnenlicht. Zu unserer rechten Hand bemerkten wir eine kleine Türe, die ins innere des Klosters führen musste. Wir öffneten sie und befanden uns in einem Hof. Auf der rechten Seite im direkten Anschluss an die Klosterkirche erstreckte sich ein langer zweigeschossiger Bau. Auf unserer linken Seite befand sich ein kleineres Haus. Direkt daneben konnten wir einen weiteren Eingang von der nahen Straße beobachten. Rechts vor uns stand ein großer Baum mit einer Bank. Neben dem Baum, so war unsere Vermutung, musste sich der Klostereingang befinden. Wir wendeten unsere Schritte in diese Richtung. Das Klostergebäude lag ruhig im Schatten des Baumes. Niemand war zu sehen als wir an der Türe schellten. Nachdem wir eine Weile gewartet hatten, hörten wir ein Geräusch und eine Nonne, die in eine schwarzer Tracht gehüllt war, öffnete uns die Türe. Sie begrüßte uns direkt in deutscher Sprache und winkte eine jüngere Klosterschwester aus einem direkt neben der Eingangstüre liegenden Raum herbei. Die ältere Nonne gab ihr auf Französisch einige Anweisungen und wir wurden über schwach beleuchtete Gänge zu einem Aufzug geführt. Auf der ersten Etage angekommen, wendeten wir uns nach rechts und gelangten so in einen älteren Teil des Klosters. Am Ende eines langen Ganges wurden uns zwei gegenüberliegende Einzelzimmer zugewiesen. Ben suchte sich als erster das Zimmer aus, um sich, nachdem die Schwester uns verlassen hatte, über seine Wahl zu beschweren. Ich ignorierte seine Bemerkung und warf mich auf das Bett. Wir stimmten wie immer unser Ritual ab und legten uns bis zum Beginn der Vesper schlafen. Für mein Knie war es ein guter Tag gewesen. Es schmerzte auch heute nicht. Ich hatte bei den Anstiegen, wenn sich die ersten Schmerzen andeuteten, versucht, mit einem etwas anderen Bewegungsablauf gegen den Schmerz zu steuern. Dafür hob ich meine Beine bewusst höher an als ich es normalerweise getan hätte. Vielleicht war aber auch die Kniemuskulatur in den letzten Tagen gestärkt worden und hielt das Knie jetzt besser in der Balance. Mir war es egal, nur meine Sehne musste ich wie jeden Abend massieren und mit Dehnungen wieder geschmeidig machen. Aber auch hier hatte ich das Gefühl, dass eine leichte Besserung eintrat.

Die Vesper fand in der Klosterkirche statt. Der Kirchenraum für das gläubige Volk wurde durch eine kleine Lampe nur sehr spärlich beleuchtet. Der Bereich, in dem sich die Schwestern aufhielten, war hell ausgeleuchtet. Wir konnten von unseren Plätzen im Kirchenraum nicht erkennen, wieviele Schwestern der Feier beiwohnten. Durch die Entfernung fiel es uns schwer eine Beziehung zu der Feier aufzubauen. Auch gestaltete sich die Vesper nicht ganz so festlich wie ihr Gegenstück im Couvent St. Marc. Für ihre Gäste servierten die Schwestern das Abendessen nicht im großen Speisesaal, sondern in einem Nebenraum der Klosterküche. Ben nannte es scherzhaft die Gesindeküche. Wir setzten uns auf die ersten beiden Plätze direkt neben der Türe. Da für fünf Personen gedeckt war, erwarteten wir noch weitere Gäste. Nacheinander stellten sich ein Priester aus Madagaskar, ein Geistlicher aus der Umgebung und eine junge Pilgerin aus Straßburg ein. Die junge Französin genoss sichtlich die Bewunderung, als sie verkündete, dass sie in Richtung Santiago unterwegs sei. Dann erzählte sie, dass sie sich extra vier Monate dafür Zeit genommen habe. Aber sie wirkte auf uns schon jetzt ein wenig mitgenommen. Ben und mich beschlich der Zweifel, ob sie es schaffen wird. Aber Pilgern ist ja nicht nur Vergnügen. Pilgern, dass ist Blut, Schweiß und Tränen. Denn nicht der Pilgerweg ist das schwierige, sondern der Weg zu sich selber, da man auf diesem Weg oftmals bei sich Sachen findet, die einem nicht gefallen.

Die Unterhaltung am Tisch verlief ausschließlich auf Französisch und Ben übersetzte mir die wichtigsten Passagen. Nach dem Essen bezahlten wir im Arbeitszimmer von Mutter Oberin. Es war ein schöner, zweckmäßig eingerichteter Raum. Mutter Oberin sprach Deutsch und machte sich von unseren Pilgerausweisen je eine Kopie. Zur Erinnerung wie sie murmelte. Ben und ich vermuteten aber eher, dass sie Nachweise sammelte, um Geld für ein neues Pilgerheim von ihrem Orden zu erhalten.

Nachdem wir diese sehr weltliche Handlung absolviert hatten, gingen wir im Klostergarten und über den Friedhof spazieren. Wir diskutierten über Gott und die Welt und fanden dabei positive Ansätze. Am Ende des Tages rief ich noch Zuhause an und ließ mich auf den neusten Stand bringen. Dann lag ich im Bett und hörte den Vögeln zu, die mich in den Schlaf zwitscherten.

Der sechste Tag: Bellemagny – Belfort
„Von guten Mächten wunderbar geborgen...."
(Dietrich Bonhoeffer)

Als mich das fahle Licht des frühen Morgens weckte, regnete es. Dunkle Wolken zogen von einem böigen Wind getrieben über den Himmel. Da ich die ganze Nacht das Fenster geöffnet hatte, war es in dem kleinen Zimmer recht kalt geworden und ich fror. Ich seufzte und wartete bis der Wecker seine sanfte Musik ertönen ließ. Meine Wäscheleine war quer durch das Zimmer gespannt. Als ich aufstand, stellte ich zufrieden fest, dass die Wäsche trotz des Kälteeinbruchs trocken geworden war. Ich konnte einen Teil anziehen und den anderen Teil beruhigt einpacken.

Kurze Zeit später schlichen Ben und ich leise durch das stille Haus in Richtung des Frühstücksraums. Im ganzen Haus rührte sich kein Laut. Weder unsere Mitpilgerin noch die beiden Geistlichen schienen schon auf den Beinen zu sein. Auch von den Nonnen war niemand zu sehen. Wir suchten den Raum, in dem das Frühstück eingedeckt war und probierten an allen Türen. Aber entweder waren die Räume nicht bewirtschaftet oder die Türen abgeschlossen. Es hatte um 06:00 Uhr zum Morgenlob geläutet. Damit war die Abwesenheit der Schwestern zu erklären.

Aber die junge Schwester hatte uns für 7:00 Uhr ein Frühstück versprochen und jetzt fanden wir keinen entsprechend eingedeckten Raum. Ben sah, dass in der Türe zur Gesindeküche ein Schlüssel steckte. Er schloss auf, öffnete die Türe und prüfte, ob der Tisch in der Küche eingedeckt sei. Das Frühstück stand wie abgesprochen auf dem Tisch und heißer Kaffee wartete in Thermoskannen darauf dampfend in große Tassen eingegossen zu werden. Wir genossen die Ruhe und ließen uns das frische Baguette und die verschiedenen Marmeladensorten schmecken. Niemand störte uns. Nach dem Frühstück holten wir unsere Rucksäcke, legten den Haustürschlüssel auf einen Tisch im Bereich der Klosterpforte und machten uns auf den Weg. Die ganze Zeit über sahen wir keinen Menschen.

Draußen empfing uns wie erwartet der Nieselregen. Ich zauderte, ob ich schon jetzt mein Regencape anziehen oder auf besseres Wetter hoffen sollte. Ich entschloss mich für die optimistische Variante und hoffte auf besseres Wetter, während Ben seinen kleinen Wanderschirm aufspannte. So trabten wir dahin. Ab und zu überholte uns ein Traktor auf seiner Fahrt auf das Feld.

Mein Optimismus wurde nicht belohnt. Der Regen wurde immer stärker und ich hielt hinter dem Ort Angeot dann doch an, um mir mein Cape überzuwerfen. Wir gingen noch eine kurze

Wegstrecke über freies Feld, als der Weg nach einer scharfen Links- und Rechtskurve unter einem dichten Blätterdach verschwand. Ben grinste, als er seinen Schirm schloss und mit einem Blick auf mein fast noch trockenes Regencape meinte: „Wer auf ihn vertraut" und dabei ließ er seinen Blick nach oben schnellen, „den wird er schützen. Wer aber kleinmütig und kleingläubig ist", er macht eine vielsagende Pause, lächelte eine Spur breiter, drehte sich um und ließ die Welt und damit auch mich im Unklaren darüber, was seiner Meinung nach mit den Kleinmütigen und Kleingläubigen zu geschehen habe.

Wir waren heute entgegen unseren bisherigen Gewohnheiten zügiger unterwegs. Charles hatte uns einen Ort und eine Zeit aufgeschrieben, zu der wir in einen Bus einsteigen konnten, der uns durch Belfort bringen sollte. Ben glaubte aber nicht, dass wir diese Zeitvorgaben schaffen würden. Als die Zeiger seiner Uhr auf 10:00 Uhr zugingen, glichen wir auf der Karte die Wegstrecke ab, die wir noch laufen mussten und schätzten die Zeit, die wir voraussichtlich benötigen würden. Beides, so schien es uns, würde nicht passen. An einer Schutzhütte trafen wir einen sportlichen Menschen, der für uns kompetent aussah. Wir fragten ihn, in welchem näheren Ort eine Bushaltestelle für den Bus nach Belfort sein könnte. Er nannte uns das Örtchen Saint-Germain-le-Châtelet. Wir prüften auf unserer Karte die weitere Fortsetzung unseres Weges und setzten uns in Bewegung. Hätten wir die Aufzeichnungen von Charles genauer gelesen, hätten wir feststellen können, dass nach dem frühen Bus noch ein weiterer Bus fuhr, den wir bequemer hätten erreichen können. Aber das wussten wir zu diesem Zeitpunkt noch nicht. So stapften wir durch den Regen der Bushaltestelle in Saint-Germain-le-Châtelet entgegen.

Kurz bevor wir die Hauptstraße nach Belfort erreichten, konnten wir von einer kleinen Anhöhe aus sehen, dass der Bus, den wir hätten nehmen wollen, an uns vorbeifuhr. Alles Schimpfen half jetzt nicht. Wir kämpften uns durch den stärker werdenden Wind und den feinen Nieselregen zur Bushaltestelle in Saint-Germain-le-Châtelet vor. Dort stellten wir zu unserem Entsetzen fest, dass der nächste Bus in zwei Stunden kam.

Nach dem Studium des Fahrplans entwickelte Ben eine Idee. Auf dem Fahrplan war zu erkennen, dass die Busstrecke eine Schleife darstellte. Der Bus fuhr nicht zwischen zwei Orten hin und her sondern bediente die Orte auf einem Rundkurs. Das ließ Ben auf die Idee kommen, dass der Bus, der die Haltestelle auf der anderen Straßenseite anfuhr, sich ebenfalls so verhielt. Er müsste nach seiner Logik den Rundkurs nur in der entgegengesetzten

Richtung bedienen. Beide Buslinien, führte Ben aus, würden in Belfort enden.

Er überprüfte seine Idee und stellte dabei fest, dass der nächste Bus die Haltestelle in 20 Minuten erreichen würde. Das war ja eine erfreuliche Nachricht. Wir zogen uns aus dem Regen in ein nahes Buswartehäuschen zurück und warteten ab. Als der Bus die Haltestelle erreichte, stieg Ben als erster ein, um zwei Tickets zu lösen. Dann wurden wir überrascht, als der Busfahrer uns erklärte, dass er keine Tickets zum Barverkauf vorrätig habe. Einen solchen Service gab es bei seiner Busgesellschaft nicht mehr. Wir waren verblüfft. Was sollten wir tun? Der Bus setzte sich in Bewegung und der Fahrer erklärte uns, dass wir entweder in einem Tabakgeschäft Tickets im Vorverkauf erwerben müssten oder eine Handyservicenummer anrufen sollten. Dann erhielten wir per SMS ein Ticket.

Als die einfachste Lösung erschien uns das Lösen eines Handytickets. Also wählten wir die Nummer und erhielten eine Fehlermeldung. Wir waren verblüfft und überrascht und überlegten uns eine Lösung. Ben meinte, vielleicht sei es unmöglich, mit einer deutschen Simkarte eine französische Servicenummer anzurufen. Als Lösung, so meinten wir, sollten wir die Vorwahl von Frankreich vor die Servicenummer setzen.

Aber auch diese Idee brachte nicht den gewünschten Erfolg. Wir waren im Bus alleine und der Fahrer beobachtete im Rückspiegel unsere Bemühungen. Ab und an stellte er eine Frage, die Ben jedesmal mit einem Kopfschütteln beantwortete. Die Dörfer vor Belfort flogen an den Busfenstern nur so vorbei. Wir hatten keinen Blick für die schöne Landschaft. An einer engen Kurve, in der der Bus langsam fahren musste, sah ich an einem Baum das Muschelpiktogramm. Der Anblick beruhigte mich, weil er mir das Gefühl gab, nicht verloren zu sein, falls wir den Bus wieder verlassen mussten. Aber noch hatten wir nicht aufgegeben.

Für einen Einstieg in einen weiteren Lösungsversuch dozierte Ben, dass die Handynummern in Frankreich immer mit einer „6" anfangen würden. Also wählten wir zwischen der Vorwahl- und der Servicenummer eine „6". Wieder hatten wir keinen Erfolg. In unserer Verzweiflung rief Ben seine Kollegen an und bat sie, im Internet zu recherchieren, ob es eine Möglichkeit gäbe, das Problem zu lösen. Aber die Anfrage brachte lediglich den Hinweis, dass es nicht möglich war, mit einem deutschen Handy einen französischen Bezahlservice zu nutzen. Bens Chef bekam die Anfrage mit und kommentierte sie mit den Worten: „Die Beiden sollen aus dem Bus aussteigen und laufen und nicht Bus fahren". Wir mussten uns endgültig geschlagen geben. Ben teilte das Ergebnis unserer Bemühungen dem Busfahrer mit. Er setzte seine Fahrt fort murmelte nur hoffentlich kommt keine Kontrolle und ließ uns bis zur Endstation in Belfort im Bus sitzen. An dieser Stelle dem unbekannten Fahrer ein herzliches Danke.

Jetzt waren wir also in Belfort. Auf Grund der Bebauung schloss ich, dass es sich um einen Vorort handelte. Wir benötigten für unsere weitere Fahrt aber Bustickets. Noch einmal würden wir nicht kostenlos mitfahren dürfen. Ben fragte den Busfahrer, wo wir die Tickets kaufen könnten. Er zeigte die Straße hinunter und beschrieb den Weg. Dann holte er aus einer Schublade ein einzelnes Ticket hervor und schenkte es Ben. Das war doch ein Anfang. Als wir den Bus verließen, fuhr dieser sofort los und wir mussten uns orientieren.

An der Bushaltestelle standen junge Menschen und warteten. Ben sprach einen jungen Franzosen an, der eine Hose in Tarnfarben und Springerstiefel trug. Dieser meinte, dass an den Wartehäuschen jeweils Stadt- und Fahrpläne aushängen. Danach könnten wir uns dann orientieren, führte er weiter aus. Er zeigte auf ein solches Häuschen in unserer Nähe. Er setzte sich in Bewegung, wobei er uns bat, ihm zu folgen. Wir folgten ihm über die Straße und er erklärte uns an Hand der Karten, wo wir waren und wo wir ein Ticket kaufen könnten.

Als wir noch überlegten und unschlüssig waren in welche Richtung wir jetzt weitergehen sollten, bot sich der junge Mann an, uns ein Stück zu begleiten. Es wäre einfacher mit ihm das nächste Tabakgeschäft zu finden, meinte er. Er stellte sich mit dem Namen Thomas vor, warf seine Umhängetasche mit Schulunterlagen über die Schulter und setzte sich ohne weitere Hinweise in Bewegung. Bei unserem Spaziergang an den Häusern von Belfort vorbei, vertieften sich Ben und Thomas in ein Gespräch über die Unterschiede der Schulsysteme in Deutschland und Frankreich. Ich stapfte hinter den Beiden her, ohne ein Wort zu verstehen. Nach fünf Minuten erreichten wir das Tabakgeschäft und kauften die fehlende Fahrkarte. Thomas begleitete uns noch zur nahen Haltestelle und sorgte dafür, dass wir auch in den richtigen Bus einstiegen. Unseren Dank wehrte er bescheiden ab. Als der Bus anfuhr, winkte er zum Abschied drehte sich um und ging zurück zu seiner Haltestelle. Dabei begleiteten ihn unsere besten Wünschen. Der Bus fuhr bis zu dem von Charles benannten Platz, sodass wir sehr schnell auch die Haltestelle fanden, von der der Bus uns hinaus aus Belfort fuhr.

Das Wetter besserte sich langsam. Der Regen hatte aufgehört und nun verzogen sich auch die Wolken. Die Sonne schickte ihre ersten warmen Strahlen des Tages. Wir hatten einen Hinweis erhalten, dass an der letzten Haltestelle der Buslinie ein großer

Supermarkt sei, in dem wir uns mit Proviant versorgen könnten. Nachdem wir die letzten Fahrgäste im Bus waren, fragten wir den Busfahrer vorsichtshalber nach der Endhaltestelle. Er bremste sofort, sagte nur „ici" und öffnete die Türen. Wir stiegen aus und befanden uns im Niemandsland zwischen Belfort und Nirgendwo. Wir sahen uns um. Da war kein Haus, kein Supermarkt, kein Pilgerweg.

Wir prüften unseren Standort auf der Karte und entschieden uns ein Stück in Richtung Belfort zu gehen, bis der Pilgerweg die Hauptstraße kreuzte. Der Vorort von Belfort heißt Esset. Esset ist arm an Reizen und so waren die vorbei donnernden LKW die einzige Attraktion. Als wir die Abzweigung zu unserem Pilgerweg erreichten, führte uns der Weg nach einer kurzen Strecke aus dem Ort heraus hinauf in den Wald.

Durch lautes Vogelgezwitscher wurden wir auf einen Schwarm von Spatzen aufmerksam, die aufgeregt um ein Huhn und dessen Futterstelle herumflatterten. So konnten wir in einem Vorgarten von Belfort ein „Killerhuhn" bei seinem Tun beobachteten. Das Huhn verteidigte sein Futter in dem es mit seinem Schnabel auf die Spatzen einhackte. Dabei erwischte es einen Vogel, der jetzt von dem Huhn mit dem Schnabel festgehalten und auf dem Boden bearbeitet wurde. Die anderen Vögel versuchten vergeblich, ihren Kameraden zu retten. Das Huhn nahm ihn immer wieder in den Schnabel, hob ihn hoch, warf ihn auf den Boden und hackte mit seinem spitzen Schnabel auf das Tier ein. Als der Spatzenschwarm aufgab, nahm das Huhn den halbtoten Spatz in seinen Schnabel und flüchtete mit ihm in den hinteren Teil des Anwesens. Damit verloren wir das Geschehen aus unseren Augen.

Am Waldrand von Belfort stand eine kleine Kapelle, die mit ihrer Bank zur Pause einlud. Wir hatten keine Gelegenheit gehabt, Proviant zu kaufen und aßen nun die Reste, die wir in unseren Rucksäcken fanden. Mit zwei bis drei Handgriffen zauberten wir ein Päckchen Pistazien und die Reste einer Tafel Schokolade aus den Tiefen der Rucksäcke herbei, setzten uns auf die Bank und ließen die Aussicht auf uns wirken, während wir Pistazienkerne kauten.

Nach der Pause stiegen wir weiter den Hügel hinauf. Eine feuchte Kühle umfing uns und junge Bäume und Sträucher säumten unseren Weg. Die Landschaft wirkte wie immer menschenleer. Kein Geräusch, das von Menschen verursacht wurde, drängte sich an unser Ohr. Nur die Vögel sangen ihr vielstimmiges Lied. In den letzten Tagen hatte es in Belfort und seiner Umgebung sehr viel geregnet. Die Wege waren weich, schlammig und stellenweise sehr rutschig. Als der Weg die Höhe erreichte, stießen wir ohne Vorwarnung auf Schilder, die mit dem Hinweis „Danger" auf eine Gefahr aufmerksam machten. Die Gefahr ging von einem Graben aus, der sich unmittelbar neben dem Weg auftat. Der Graben umgab eine alte Festungsanlage. An Hand des Sandsteinmauerwerkes und der Gestaltung der Außenmauer schlossen wir, dass es kein Bunker aus dem ersten oder zweiten Weltkrieg sein konnte. Vorsichtig traten wir näher und gingen ein Stück am Rand des Grabens entlang. Die Eingangstüre stand offen und ein gut erhaltener Fahrweg verschwand im Inneren der Anlage. In unserem Pilgerführer fanden wir außer dem Hinweis, dass der Weg eine alte Festungsanlage passieren würde, keine weiteren Informationen.

Charles erläuterte uns bei unserer Rückkehr, dass es mehrere solcher kleinen Festungsanlagen auf den Hügeln rund um Belfort gäbe. Belfort war im 19. Jahrhundert eine wichtige Festungs- und Garnisonsstadt, die auf diese Art und Weise geschützt wurde.

Gleichwohl sah alles hier nach Krieg aus und war jetzt in einen Dornröschenschlaf gefallen. Wir ersparten es uns, durch das offene Eingangstor zu gehen und setzten unsere Reise fort. Ab und an mussten wir über die Fortsetzung des Weges diskutieren, weil die Markierung nicht eindeutig oder schlicht nicht vorhanden war. Vielleicht hatten wir sie ja auch an der einen oder anderen Stelle übersehen. Gleichwohl schafften wir es immer nach kurzer Beratung, uns auf eine gemeinsame Fortsetzung zu einigen.

Die Sonne vertrieb die Wolken und es wurde heiß und feucht. In dem kleinen Örtchen Buc verließen wir den Pilgerweg für den heutigen Tag und gingen den kleinen Umweg in Richtung des Weilers Mandrevillars. Die Adresse war Dank der Beschreibung von Charles gut zu finden. Da der Ort aber auch nicht sehr groß war, hätten wir uns auch nicht verlaufen können. Als wir das Haus der Familie erreichten, drückten wir die Klingel. Aber es rührte sich im Haus kein Laut. Wir versuchten es noch einmal. Aber auch diesmal ohne Erfolg. Da wir vor unserer angekündigten Zeit angekommen waren, beschlossen wir zu warten. Wir setzen uns auf Steine und Holzstümpfe und warteten. Ben döste ein wenig im Schatten und ich hing meinen Gedanken nach. Ich zog mein Notizbuch aus der Hosentasche und ergänzte meine Aufzeichnungen. Die Geräusche der nahen Straße ließen uns jedesmal hochschrecken, aber es war immer falscher Alarm. Dann fuhr endlich ein Auto vor. Ein Mann stieg aus und schaute etwas misstrauisch in unsere Richtung. Da er aber keine Anstalten machte, auf uns zuzugehen, konnten wir davon ausgehen, dass er nicht unser Gastgeber war. Geistesgegenwärtig fragte Ben ihn nach unseren Gastgebern. Ein Lächeln huschte über sein Gesicht, als er meinte, dass wir auf der falschen Seite des Hauses saßen. Er erklärte uns den Weg zum Hauseingang.

Nach wenigen Schritten auf der Hauptstraße erreichten wir das beschriebene Tor. Hinter dem Tor lag ein Parkplatz. Auf einer Weide grasten friedlich Pferde. Weiter im hinteren Teil des Grundstücks gackerten Hühner zwischen den Beinen eines weiteren Pferdes. Das Haus lag von der Straße aus gesehen einige Schritte in hinteren Teil des Grundstücks. Vor dem Haus stand eine Bank mit einem Tisch und zwei Personen liefen geschäftig hin und her.

Wir öffneten das Tor und betraten das Grundstück. Als die Frau des Hauses uns sah, kam sie auf uns zu und begrüßte uns mit freundlichen Worten. Ben nahm den Gesprächsfaden auf und es entwickelte sich schnell eine lebhafte Unterhaltung. Sie stellte sich mit Namen Clodette und ihren Mann als Philippe vor. Nachdem wir eine Weile geplaudert hatten, bat uns Clodette, wir sollten auf die Bank vor dem Hause Platz nehmen und uns bei einem kühlen Bier ausruhen. Nach der Pause zeigte sie uns die Bleibe für die Nacht. Clodette freute sich, dass Ben so gut französisch sprach und meinte, dass die Unterhaltung mit den meisten deutschen Pilgern auf Grund der Sprachbarriere schwierig sei. Die Zimmer entpuppten sich als komfortable Gite mit zwei getrennten Schlafzimmern, separatem Bad, einer Küche und einem großen Wohn- und Essbereich. Clodette wies uns ein und verabschiedete sich mit dem Hinweis, dass wir um 20:00 Uhr zum Abendessen bei ihr und Philippe erscheinen sollten. Wir waren beeindruckt.

Ben und ich diskutierten darüber, ob wir die beiden mit einem „Du" ansprechen könnten oder beim „Sie" bleiben sollten. Da wir die französischen Gepflogenheiten nicht kannten, konnten wir diese Frage nicht beantworten. Wir entschlossen uns daher, beim „Sie" zu bleiben, weil dies uns am unverfänglichsten erschien.

Ich erspähte im Garten eine Wäschespinne und da wir bis zum Abendessen über reichlich Zeit verfügten, wuschen wir unsere Sachen. Die Sonne hatte nun endgültig die Herrschaft über den Himmel übernommen und das Wetter bot somit die Gewähr, dass die Kleidungsstücke bis zum Abend auch trocken waren. Nach getaner Arbeit und dem obligatorischen Duschen legten wir uns noch ein wenig hin und verschliefen den Nachmittag bis zum Abendessen.

Zum Abendessen nahmen wir unsere Hausschuhe mit und wurden in einem großen, komfortablen Wohnzimmer empfangen. Ben und Philippe fachsimpelten über Pferde, das Reitturnier in

Aachen und über die Pferdezucht in Warendorf bei Münster. Danach philosophierte Philippe über die verschiedenen Weine aus dem Jura und bedauerte, dass der Jurawein nicht so bekannt sei, wie er es verdient hätte. Wir tranken an diesem Abend zum ersten Mal einen Vin Jaune, eine Spezialität aus dem Jura, der im Geschmack an einen Sherry erinnert. Philippe erzählte uns, dass ein Nachbar aus dem Dorf sich vor fünf Jahren mit einem Esel aufgemacht hatte, um nach Santiago de Compostela zu pilgern. Dieser drehte auch einen Film über seine Pilgerreise. Auch Philippe wollte sich irgendwann einmal auf eine Pilgerreise begeben. Zur Untermalung seiner Geschichte holte er einen Pilgerstab hervor, der am oberen Ende aufgeschraubt und mit ein wenig Erde befüllt wird. Wenn der Pilger in Santiago angekommen ist, wird die Erde verstreut. Wir kannten die Idee noch nicht waren begeistert.

Im Laufe der Unterhaltung erfuhren wir viel Wissenswertes über Esel. Clodette erklärte uns, dass man einem Esel kaum ansehen kann, wie er sich fühlt. Esel gehen fast nie über Brücken und nur ungern durch Wasser. Philippe erzählte uns Anekdoten von der Reise seines Nachbarn. Dabei ließ er auch die Geschichte nicht aus, wie bei einer Brücke der Esel so störrisch war, dass vier Pilger sich je ein Bein des Esels nehmen mussten, um ihn über die Brücke zu tragen.

Die Reisegeschwindigkeit mit einem Esel beträgt immer exakt 3 km pro Stunde. Ein Esel lässt sich auch nicht dazu bewegen, schneller zu gehen. Also habe der Nachbar sich mit seinem Lauftempo angepasst. 3 ½ Monate habe die Pilgerreise gedauert. Der Esel lebe noch und war auf einer Weide im Nachbardorf zuhause. Als der Esel nach der Rückkehr auf die Weide musste, war er beleidigt. Er hatte sich wohl so daran gewöhnt, jeden Tag auf eine Etappe gehen zu können, sodass er ohne diese Abwechslung nicht sein wollte. Philippe lachte, als er diese Geschichten erzählte. Seine Erzählungen verwob er mit Weisheiten über das Pilgern. So regte Philippe an, dass ein Pilger seinen Wasservorrat auf dem Weg bei den Menschen, die am Wegesrand wohnen, auffüllen soll. Es sei sehr wichtig, bei solchen Gelegenheiten ein Gespräch mit den Menschen zu führen. Ein weiteres Credo von ihm war, beim Trinken solle der Pilger stehen bleiben und zurückschauen in die Richtung, aus der er gekommen ist. Wir versprachen, beide Anregungen zu beherzigen.

Die Unterhaltung setzte sich bei einem leckeren Abendessen fort. Nach dem Dessert schaltete Philippe seinen Fernseher an, um uns den Film zu zeigen, während Clodette sich schlafen legte. Der Film dauerte zwanzig Minuten und es war schon sehr spät, als wir in Richtung unserer Gite aufbrachen.

Der siebte Tag: Mandrevillars – Villers-sur-Saulnot

„Große Dinge werden durch Wiederholung nicht langweilig."
(Hl. Benedikt)

Der Wecker klingelte um 7:30 Uhr und ich hörte von unten, dass Ben schon seine Sachen packte. Also fing ich auch an zu kramen. Aber irgendwie ging mir das Packen an diesem Morgen nicht so richtig von der Hand. Um 8:00 Uhr wurde Ben ungeduldig und ich unterbrach meine Tätigkeit, um mit ihm um das Haus zum Frühstück zu gehen.

Wir wurden schon erwartet. Der Tisch war gedeckt und der frische Kaffee wartete darauf getrunken zu werden. Bei Baguette und Croissants diskutierte Ben mit Clodette über die unterschiedlichen Marmeladen, die auf dem Tisch standen. Wir bezahlten für die Beherbergung und Philippe und Ben beugten sich über unsere Karte, um den weiteren Weg zu planen. Ich machte währenddessen ein paar Erinnerungsphotos von unseren Gastgebern, als bei Philippe das Telefon klingelte. Auf einmal wurde alles sehr hektisch. Wir schulterten unsere Rücksäcke, wünschten Clodette und Philippe alles Liebe und Gute und gingen nach links die Straße hinunter in Richtung des nächsten Dorfes.

Es schien wie an jedem Tag zu sein. Wir mussten wieder einen Hügel erklimmen. Es wäre auch eine andere Streckenführung möglich gewesen. Aber Philippe hatte uns den Weg durch den Wald ans Herz gelegt, weil er seiner Einschätzung nach die besseren Ausblicke böte. Der Weg war auf seinen Waldpassagen wieder schlammig und rutschig. An einem Picknicktisch hielten wir kurz an, um einen letzten Blick auf das Dorf Mandrevillars zu werfen. Wir nahmen einen kleinen Schluck Wasser aus der Flasche, natürlich im Stehen und mit einem Blick zurück, und dann ging es weiter.

Der Abstieg nach Echenans sur Mont Vaudois

Beim nächsten Abstieg blieben wir wieder einen Augenblick stehen, um das großartige Panorama mit den Vogesen im Hintergrund in uns aufzunehmen. Leider ließ sich nie von einem unserer Standpunkte ein Blick auf die Alpen werfen. Wir stiegen in das vor uns liegende Dorf Echenans sur Mont Vaudois hinab. An einem idyllisch liegenden Flusslauf mit Bank, Tisch und anderem Schnickschnack machten wir die erste Pause. Ben bewunderte die Teichrosen auf dem Wasser und entdeckte eine tote Ringelnatter, die neben der Bank ihre letzte Ruhe gefunden hatte.

Der Weg führte uns bei heiterem Wetter durch Felder und Hügel. Philippe hatte doch beim Abendessen ausgeführt, dass das Wichtigste beim Pilgern der Kontakt mit den Menschen am Wegesrand sei. So wirkte der ältere Waldarbeiter aus den Vogesen wie für uns aufgestellt, als er uns ansprach. Er stand vor seinem Haus auf einen einfachen Stock ohne Griff gestützt und freute sich mit uns zu plaudern. Nur in Sachen Geographie zeigte er ein paar verzeihliche Schwächen als er Aachen in den Schwarzwald verlegte.

An einem schönen Weiher machten wir Mittagspause. Clodette hatte für jeden von uns ein Schinkenbaguette und einen Apfel eingepackt. Wir aßen mit Genuss Baguette und Obst. Ein

Eisvogel flog vorbei und Ben war begeistert, da diese Vögel bei uns inzwischen sehr selten sind. Ein Graureiher zog über unseren Köpfen seine Kreise und setzte langsam auf der gegenüberliegenden Uferböschung zur Landung an. Wir saßen ganz still und starrten auf die glatte Wasseroberfläche. Unsere Essgeräusche traten in Konkurrenz zum Quaken der Frösche in der Uferböschung. Libellen tanzten über uns ihren Hochzeitsflug. Wir ließen unsere Gedanken treiben und zeigten nur ab und zu wortlos auf die eine oder andere beobachtete Besonderheit.

Das Geräusch eines Lieferwagens, aus dem lärmende Arbeiter mit einer Kühltasche ausstiegen, mahnte uns zum Aufbruch. Wir verließen diese Oase und gingen mit frischer Kraft weiter. Die Sonne stand oben am Himmel und schickte uns ihre wärmenden Strahlen. Ab und an beherzigten wir die Anregung von Philippe, blieben beim Trinken stehen und schauten in die Richtung, aus der wir gekommen waren.

Entschleunigtes Pilgern verändert die Perspektive. Durch das Stehenbleiben beim Trinken und das Umdrehen nimmt man die Landschaft anders wahr. Gottes Erdenrund wurde zu einer runden Sache und zwar im wahrsten Sinne des Wortes. Nette Dörfer wechselten sich mit kühlenden Waldstücken ab. In den Dörfern fiel auf, dass wir kaum einen Menschen auf der Straße oder auf seinem Grundstück entdeckten. Nur ab und an bellte ein Hund hinter uns her und wir waren jedes Mal froh, dass zwischen ihm und uns ein Zaun stand.

Hinter Champey stieg der Weg steil den Berg hinauf. Wir ignorierten eine angebotene Bank und nahmen uns fest vor, erst auf der Spitze des Hügels Pause zu machen. Trotzdem hielten wir auf halber Strecke an, schauten zurück und tranken einen Schluck Wasser. Wir überholten eine ältere Dame, die langsam aber stetig und mit festem Schritt der Höhe entgegenstrebte. Sie fragte nach, ob wir uns auf „dem Weg" befänden. Wir nickten und nach einem kurzen Gespräch, das von ihrer Seite in einem sehr höflichen Französisch geführt wurde, bemerkte sie, dass an unserem Rucksack die Muschel fehlen würde. Ben klärte sie darüber auf, dass nur Pilger, die bereits in Santiago gewesen sind, die Muschel als Beweis mit sich führen. Die Dame lächelte vielsagend, wünschte uns nur das Beste und wir zogen weiter.

Oben auf der Spitze des Hügels wartete die erhoffte Bank auf uns. Die Landschaft erinnerte immer noch an Eifel und Ardennen. Im nächsten Dorf an einem Bauernhof baten wir darum, unsere Wasserflaschen aufzufüllen. Begleitet von einem kurzen Gespräch wurde unsere Bitte erfüllt. Bei dem jetzt vorherrschenden Wetter war das kühle Wasser für die letzten

Kilometer eine willkommene Erfrischung. Nachdem wir wieder einmal eine TGV-Strecke überquert hatten, auf der auch diesmal kein Schnellzug zu sehen war, erreichten wir die am Ortseingang von Villers sur Saulnot gelegene Ferme Auberge Isidore.

Die Herberge entpuppte sich als eingeschossiger Bau. Der Eingang zum Gastraum wurde durch einen Windfang geschützt, in dem eine Bank mit einem Tisch stand. Vor dem Haus parkten einige Autos. Im Vorgarten arbeitete eine Frau. Ein Hund rannte zwischen dem Eingang zum Gastraum und der Frau hin und her.

Wir blieben stehen und warteten, bis die Frau uns bemerkte. Ben begrüßte sie und erkundigte sich nach einem Zimmer für zwei Pilger. Die Frau stellte sich als Colette vor und fragte, ob wir das Zimmer reserviert hätten. Ben beantwortete die Frage mit einem schlichten Ja. Colette schaute ihn mit einem tadelnden Blick an, als sie meinte, dass wir aber doch nur für eine Person reserviert hätten. Für einen Augenblick entstand bei uns der Eindruck, alle Zimmer der Herberge seien mit Gästen belegt und wir müssten zum Kampf um das letzte Bett antreten.

Ben versuchte das Missverständnis zu klären. Bei seinen wortreichen Ausführungen lächelte Colette verschmitzt und meinte, wir hätten die Wahl zwischen dem Schlafsaal in der

Herberge und einem Doppelzimmer im Gästehaus. Bei dieser Auswahl fiel unsere Entscheidung auf das Gästehaus. Das Gebäude lag hinter dem Schuppen und wir mussten ein paar Schritte den Hang hinter der Herberge hinaufgehen. Bei der Besichtigung der Zimmer erfuhren wir, dass wir voraussichtlich die einzigen Gäste bleiben werden. Colette hatte sich bei unserer Ankunft wohl einen kleinen Scherz erlaubt. Wir lächelten beide gequält.

Das Zimmer war einfach und zweckmäßig ausgestattet. Ben empfand den Raum als zu eng und in der Tat hatten wir kaum Platz uns auszubreiten. Nachdem wir unsere Rücksäcke abgestellt hatten, beschlossen wir entgegen unseren bisherigen Gewohnheiten vor dem Duschen ein Bier trinken zu gehen. Wir schlossen das Zimmer ab und begaben uns zum Gastraum. Colette arbeitete noch immer in ihrem Vorgarten und grüßte mit einem freundlichen Kopfnicken. Auf Grund der Hitze und des fehlenden Schattens vor der Herberge setzten wir uns in den Windfang des Eingangsbereichs. Wir bestellten bei Colette zwei große Flaschen Bier und redeten über die Ereignisse der letzten Tage.

Ein großer Traktor mit einem Jaucheanhänger hielt vor der Auberge und ein Mann mit einem riesigen Bart stieg aus dem

Führerhaus. Er lieferte sich auf der Straße einen Wortwechsel mit einem jungen Mann, aus dem wir entnehmen konnten, dass es sich hier um Vater und Sohn handelte. Der Mann stürmte an uns vorbei und kam kurze Zeit später mit einer Flasche Bier in der Hand wieder zum Vorschein. Er zog sich einen Stuhl heran, setzte sich zu uns und stellte sich mit dem Namen Daniel vor. Dann fing er in einer Mischung aus französischen und deutschen Sprachbrocken ein Gespräch an.

Während der Unterhaltung bemerkten wir, dass er einen Wunsch an uns hatte. Nach einigen Minuten rückte er mit der Sprache heraus. Er deutete an, dass das Abendessen erst um 20:30 Uhr serviert werden könnte. Dies hatte seine Ursachen darin, weil Colette und er ab 17:30 Uhr ihre Kühe versorgten. Wir nickten verständnisvoll. Dann führte er weiter aus, dass eine seiner Kühe heute ein Kalb zur Welt gebracht hätte. Das Tier läge jetzt bei seiner Mutter auf der Wiese und sei zu schwach, um schon alleine in den Stall zu laufen. Das Kalb müsse jetzt zum Stall getragen werden. Er könne dies nicht mehr schaffen, weil er schlechte Knochen habe, wie er sich ausdrückte. Er machte eine vielsagende Pause.

Ben und ich schauten uns kurz an und da ich in seinen Augen keinen Widerstand sah, bot ich Daniel unsere Hilfe an, um das

Kalb zu bergen. Ben nickte und fragte nach, was denn zu tun sei. Daniel meinte, dass wir uns um 17:30 Uhr hier am Gastraum wieder treffen. Wir würden dann je einen Kittel zum Schutz unserer Kleidung erhalten und Colette würde uns zur Weide mitnehmen. Wir müssten dann abwechselnd das Kalb auf die Schulter nehmen und zum Stall tragen. Hörte sich doch ganz einfach an. Wir willigten ein und verabredeten uns zum besprochenen Zeitpunkt.

Nachdem wir unser Bier ausgetrunken hatten, zogen wir uns auf unser Zimmer zurück. Duschen wollten wir uns erst, wenn das Kalb im Stall war. Dunkle Wolken zogen am Horizont auf und flogen über das Land. Ein Gewitter drohte. Als der verabredete Zeitpunkt gekommen war, gingen wir wieder zur Gaststube. Colette wartete schon auf uns und wir erhielten je einen blauen Melkkittel. Sie ließ uns einsteigen. Nach kurzer Fahrt waren die Weide und der Stall erreicht. Colette sprang aus dem Wagen und stürmte laut rufend auf die Weide.

Die Kuh lag mit ihrem Kalb etwas abseits von der Herde im Gras und schaute aufmerksam, vielleicht auch misstrauisch in unsere Richtung. Colette trieb die Herde in Richtung Stall und alle Tiere setzten sich in Bewegung. Bei der Mutterkuh musste sie zwar nachhelfen, aber auch sie trottete in Richtung Stall. Das Kalb lag im Gras und versuchte aufzustehen. Es gelang ihm aber nicht. Die Beine waren noch zu schwach. Colette hielt das Kalb fest und Ben wuchtete sich das Tier auf die Schulter. Ich wollte ein Foto von Ben als den guten Hirten machen. Aber es kam alles ganz anders.

Es war zwar ein leichtes für Ben, das Kalb, auch wenn es vielleicht 50 kg wog, auf seine Schulter zu hieven. Gleichwohl, das Kalb musste auch auf den Schultern bleiben wollen. Es hat sicher schon Kälber gegeben, die dies freiwillig getan haben. Dieses Tier jedenfalls wollte nicht auf der Schulter von Ben bleiben. Schneller als wir alle schauen konnten, hatte es sich losgestrampelt und war wieder ins Gras geplumpst, wo es jetzt schwer atmend lag. Es wollte aufstehen und schaffte es auch. Danach unternahm es seinen ersten Fluchtversuch. Aber auf wackeligen Beinen war das schwierig. Colette stoppte den Fluchtversuch. Die nächste Idee, die Colette hatte, war das Kalb auf den Rücken zu drehen, es dann an den Beinen festzuhalten und so zum Stall zu tragen. Das gelang uns, aber nur für ein paar Schritte. Danach stellten wir das arme Kalb wieder auf seine schwachen Beine und schoben und stupsten das Tier in Richtung Stall. Es war ein mühseliges Unterfangen. Dann kam Daniel und meinte, dass das so nichts wird. Ben sollte das Kalb wieder auf die Schulter heben. Auf unsere Proteste hin entgegnete er, dass er und ich je zwei Beine des Kalbes festhalten müssen. Nur so sei es zu schaffen. Da bisher alle anderen Versuche gescheitert waren, erschien uns seine Idee auch nicht besser oder schlechter als alle unsere Ideen vorher.

Ben wuchtete sich das Tier erneut auf die Schulter. Daniel und ich griffen blitzschnell nach den Vorder- und Hinterbeinen und los ging es. Zwar wollte das Kalb wieder herunterspringen, aber dadurch, dass seine Beine fixiert waren, gelang es ihm nicht. Die Idee von Daniel überzeugte. Nach der Hälfte der Strecke brauchte Ben eine Pause. Jetzt musste ich übernehmen. Also setzte Ben das Tier vorsichtig im Gras ab. Bevor es wieder einen Fluchtversuch unternehmen konnte, hatte ich es mit Hilfe von Daniel auf meine Schulter gehoben. Nun wollte seine Mutter doch nachschauen, ob ihr Nachwuchs bei uns wirklich in guten Händen sei und hatte sich von der Herde gelöst. Mit schnellem Kuhgalopp rannte sie auf uns zu. Colette lief ihr, laut rufend und einen Knüppel schwingend, entgegen. Daraufhin drehte sie ab und trottete hinter der Herde her in Richtung Stall.

Das Tier drückte schwer auf meine Schulter. Einen Augenblick dachte ich an mein Knie und an meine Sehne und warf vorsichtshalber einen Blick auf die holprige Wiese. Aber Schwäche zeigen ging ja jetzt gar nicht. So trug ich das kleine

Kälbchen zum Stall. Wir, das Kalb und ich atmeten beide schwer, jeder sicher aus ganz unterschiedlichen Gründen. Im Stall wollte ich das Tier vorsichtig auf dem Boden absetzen, was leider nicht ganz gelang. Aber es entstand dem Kalb kein Schaden. Abschließend machten Colette und ich noch ein paar Fotos und wir gingen den Weg zur Auberge zurück, um endlich duschen zu können.

Das Kalb ist im Stall angekommen

Der Regen, der sich bisher nur angekündigt hatte, setzte, begleitet von einem Gewitter, unvermittelt ein. Wir liefen die letzten Schritte zum Gästehaus, um nicht völlig durchnässt zu werden. Wir schafften es rechtzeitig vor dem großen Platzregen. Oben in unserem Zimmer angekommen stellten wir fest, dass der Strom im ganzen Ort ausgefallen war. Der Stromausfall wirkte sich aber nicht auf das warme Wasser aus und so konnten wir uns im dunklen Badezimmer unter eine heiße Dusche stellen. Ben entstieg der Dusche mit den Worten: „Was so ein bisschen warmes Wasser alles ausmachen kann", schwang sich auf sein Bett und war sofort eingeschlafen. Ich stellte noch den Wecker auf 20:15 Uhr und döste frisch gewaschen dem Abendessen entgegen.

Als wir den Gastraum betraten, brannte im hinteren Teil des Raumes eine Lampe und der Tisch war für drei Personen eingedeckt. Der Gastraum war sehr groß und für die Bewirtung einer großen Gruppe von Menschen ausgelegt. Jetzt lag er still und ruhig im Halbdunkel. Die Tische standen in langen Reihen und als Sitzgelegenheit dienten Bänkereihen. Colette begrüßte uns und bat noch um ein wenig Geduld. Wir setzten uns hin und bestellten jeder ein Bier. Ich hatte das Spiel „Schweinerei" mitgebracht und rief Ben die Regeln ins Gedächtnis. Ben gewann jedes Spiel und meinte auf meinen gespielten Protest hin, die

Siege habe er seiner Klugheit und seinem geschickten Spiel zu verdanken. Ich grinste gequält und war froh, dass Colette eine Schüssel grünen Salat mit Baguette auf den Tisch stellte. Sie gebot uns zuzugreifen. Daniel kam aus der Küche und setzte sich zu uns an den Tisch und meinte, er würde keinen Salat essen. Als Hauptgericht servierte Colette Hühnchen in einer Tomatensoße mit Nudeln. Zum Dessert holte Daniel mit einer geheimnisvollen Geste einen großen Teller mit unterschiedlichen Käsesorten aus der Küche und schnitt großzügig einige Stücke ab. Zu jedem Käse, den er uns reichte. gab er eine Erklärung ab. Er erläuterte uns auch, dass aus seiner Milch französischer Emmentaler hergestellt wird. Es sei ihm leider nicht möglich, den berühmten Comté zu produzieren. Das Gebiet für den Comté-Käse war eng begrenzt und leider lag sein Hof nicht im Einzugsbereich. Wir erfuhren weiter, dass aus dem Namen des Käses auch der Name der Region Franche-Comté abgeleitet ist. Nach dieser Erklärung ärgerten wir uns, dass wir nicht von alleine auf diese doch sehr logische Erklärung gekommen sind. Daniel gebot uns, reichlich zu nehmen und präsentierte jedes Stück Käse weiter mit einer sehr geheimnisvollen Geste. Aber Käse schließt bekanntlich den Magen und so waren wir irgendwann so richtig satt. Zum Abschluss gab es dann noch eine Runde Bier und wir schlichen gesättigt durch einen leichten Nieselregen zum Gästehaus zurück.

Das Zimmer war für zwei Personen zu klein. Da wir uns nicht die Zeit genommen hatten, unsere Sachen zu waschen, roch der Raum bei unserer Rückkehr ein wenig streng. Also blieb uns nichts anderes übrig als das Fenster zu öffnen und etwas tiefer unter die Bettdecke zu kriechen. Die obligatorischen Plagegeister, die sich im Regelfalle in der Nacht einstellen, ließen uns in dieser Nacht in Ruhe.

Der achte Tag: Villers-sur-Saulnot – Onans

„Ich gehe auf grüner Erde."

(Thich Nhat Hanh)

Am nächsten Morgen wurden wir von starken Regenfällen geweckt. Es war empfindlich kalt geworden. Das Frühstück entsprach dem französischen Standard: Baguette, Marmelade und Kaffee. Wir packten unseren Rucksack und verabschiedeten uns von Colette. Als wir den Ort Villers-sur Saulnot verließen, hörte es auf zu regnen. Am Horizont kündigte sich eine Wetterbesserung an. Am Ortsausgang stand ein Hotel mit Namen „Chez Yvonne". Wir sinnierten noch, ob es wirklich ein richtiges Hotel war, als ein Auto uns den Weg abschnitt. Daniel sprang heraus und ließ es sich nicht nehmen, uns persönlich zu verabschieden. Er gab uns noch ein paar wohlmeinende Hinweise mit auf den Weg und entschwand mit dem Auto in Richtung seines Stalls. Die Straße und die Wiesen, die wir durchquerten, waren feucht vom nächtlichen Regen. Der Wind war frisch und es wirkte alles sehr ungemütlich. Daher waren wir froh nach 3 km im nächsten Ort mit Namen Saulnot ein Buswartehäuschen zu finden, in das wir uns zurückziehen konnten. Vor dem Wartehäuschen öffnete sich ein kleiner Platz. Wir setzten uns und ließen unsere Blicke über den Platz und die umliegenden Häuser schweifen. So entdeckten wir einen kleinen Supermarkt, der sich in den Häusern versteckte. Hier frischten wir unsere Vorräte mit Salami, Comté und Schokolade auf. In einer nahen Bäckerei erstanden wir ein Baguette und zum Sofortverzehr aß jeder von uns ein Schokoladencroissant.

Während ich die Einkäufe erledigte, blieb Ben in dem Häuschen sitzen. Er nutzte die Wartezeit und telefonierte mit einer Dame im Office du Tourisme von Villersexel. Er erkundigte sich, wann wir am nächsten Tag unseren Heimweg per Bus über Lure in Richtung Elsass antreten konnten. Charles hatte angeregt, unsere Reise in Villersexel zu beenden. Dort, so war sein Eindruck, würden wir mit einem Bus zum Bahnhof nach Lure gelangen, um von da aus über Belfort und Mulhouse wieder zurück nach Colmar und Hunawihr fahren zu können. Charles meinte, dass das Ende der Villersexel folgenden Tagesetappen sehr kleine Orte seien, die nicht in den öffentlichen Nahverkehr eingebunden sind. Auf Grund der besonderen Umstände, die wir bei unserer Busfahrt nach Belfort erlebt hatten, waren wir vorsichtig geworden. Ben versuchte im Office du Tourisme zu erfragen, ob wir die Bustickets im Bus lösen könnten. Die Dame, die übrigens sehr gut Deutsch sprach, versprach zu helfen und wir sollten sie zurückrufen. Da wir in unserem Buswartehäuschen trocken saßen überbrückten wir die Zeit damit Schokolade und Croissants zu essen. Die Sachen schmeckten köstlich und wärmten die Seele.

Nach der verabredeten Zeit erhielten wir aus Villersexel die Nachricht, dass es kein Problem sei im Bus einen Fahrausweis zu lösen. Beschwingt setzten wir die Pilgerreise fort.

Der Weg führte uns durch die schon bekannte harmonische Landschaft. In Gemonval befindet sich eine Bezirksschule. Von hier aus sollten wir unsere Vermieterin Michelle anrufen und sie würde uns dann abholen. Aber es war erst kurz vor Mittag und wir hatten noch fast nichts geleistet. Also beschlossen wir, nach Onans zu laufen. Da unsere Karte diesen Ort nicht anzeigte, mussten wir ein wenig improvisieren. Als wir noch so unschlüssig vor der Schule standen und uns die weiteren Schritte überlegten, hörten wir ein fröhliches Bonjour hinter uns. Wir schauten uns um und sahen in das freundliche Gesicht eines Straßenarbeiters, der neben seinem Tieflader stand. Er fragte, wohin wir denn unterwegs seien und was wir so machten. Dabei erzählte er uns, dass die Gegend rund um Gemonval ein Mirabellengebiet sei. Er ärgerte sich darüber, dass von den hier wohnenden Menschen zwar ein guter Mirabellenschnaps gebrannt würde, aber kein Mensch seinen Schnaps verkauft. Nach seiner Einschätzung würde der Schnapssee so jedes Jahr größer. Zum Schluss des Gesprächs empfahl er uns noch seine Ferienwohnung, die er im Jura gekauft hatte und die er gerne an uns vermieten würde. Er nannte seine Internetseite, rief uns noch einen Gruß zu und verschwand im Inneren seines LKW.

Wir schulterten unsere Rucksäcke, gingen hinter der Schule nach links, überquerten eine Brücke und ließen uns von einem Wiesenpfad aus dem Ort führen. Die nächste Ortschaft lag vor uns auf der Spitze des nächsten Hügels.

In einer Hofeinfahrt döste ein deutscher Schäferhund und beobachtete uns mit einem Auge sehr aufmerksam. Das andere Auge hielt er geschlossen. Als wir den Hof passierten sprang er auf und rannte an uns vorbei. Kurze Zeit später begleitete er uns mal auf der rechten und mal auf der linken Seite. Wenn wir stehen blieben, um uns zu orientieren, blieb er auch stehen. Sobald wir uns wieder in Bewegung setzten, setzte er seinen Weg fort. Als wir das nächste Dorf erreichten, fanden wir einen Menschen, der uns den weiteren Weg nach Onans beschreiben konnte. Er riet uns, nicht der Straße zu folgen, sondern den Weg durch den Wald zu nehmen. Dabei ergänzte er seine Ausführungen mit dem Hinweis, dass der Weg durch den Wald zwar weiter sei, aber in jedem Falle reizvoller. Nach einer kurzen Abstimmung entschieden wir uns für den Waldweg.

Der Hund war nicht mehr zu sehen und so hoffte Ben, er hätte uns verlassen und wäre wieder zu seinem Gehöft zurückgekehrt. Aber er hatte sich nur versteckt, denn sobald wir weitergingen, folgte er uns. Ben ärgerte sich darüber und gab dem Hund unmissverständlich zu verstehen, dass er gehen sollte. Der Hund zog den Schwanz ein, duckte sich, gab ein paar gequält klingende Laute von sich und lief zurück zu seinem Hof.

Am Anfang war der Weg breit und angenehm zu gehen. Aber je höher wir den Hang hinaufstiegen desto schmaler wurde er bis er in einen fast zugewachsenen Wiesenpfad überging. Wir wussten, dass der Ort Onans zu unserer rechten Hand lag und so suchten wir eine Kreuzung, an der ein Weg nach rechts führte. Auf einer Waldwiese bot sich eine solche Möglichkeit und nach einer kurzen Abstimmung folgten wir diesem Waldweg. Er verließ die Wiese und verlief durch dichte Fichten und Nadelholzbestände immer bergab. Die Nadelhölzer erlaubten keinen Blick auf die weitere Umgebung. So konnten wir uns nicht orientieren und mussten uns ganz auf unser Gefühl verlassen. Als der Fichtenbestand einem lichten Laubgehölz wich, waren wieder Häuser zu sehen. Wir entschieden uns, bis zu den Häusern weiter zu gehen und dort zu fragen, ob wir in unserem Zielort angekommen waren. Kurz hinter den ersten Häusern fanden wir ein kleines Buswartehäuschen. Ben erspähte eine Postbotin, die mit ihrem gelben Auto die Briefe ausfuhr. Sie bestätigte, dass wir in Onans angekommen waren. Aber wo hier Michelle wohnte, konnte sie nicht sagen.

Wir machten eine Pause und aßen von unseren Schokoladenvorräten. Dabei ließen wir die Umgebung auf uns wirken. Die Straßen waren still und wir sahen keinen Menschen, den wir noch fragen konnten. Oben auf dem Berg lag eine Kirche. Daher glaubten wir, dass es die beste Strategie sei, zur Kirche hinaufzustiegen. An der Kirche angekommen trafen wir eine Frau, die mit ihrem Kinderwagen unterwegs war. Sie kannte das Haus von Michelle und wies uns den Weg.

Das Haus lag ein wenig abseits am Ortsrand und stammte aus dem 18. Jahrhundert. In einem Zimmer brannte Licht und Ben rief aus dem Vorgarten Michelle an, um ihr mitzuteilen, dass wir angekommen waren. Sie öffnete die Türe und hieß uns herzlich willkommen. Das Haus war gemütlich eingerichtet und wirkte sehr einladend. Man spürte den guten Geist seiner Bewohnerin. Michelle zeigte uns unser Zimmer. Wir waren sehr zufrieden. Ben und ich konnten gerade noch absprechen, wer in welchem Bett schläft, als wir schon zu einem Kaffee gebeten wurden. Gerne nahmen wir die Einladung an.

Das Wohnzimmer wurde von einem offenen Kamin beherrscht in dem ein wärmendes Feuer brannte. Vor dem Kamin stand ein Tisch, der mit Kaffeetassen eingedeckt war. Michelle servierte uns einen heißen, starken Kaffee. Dazu reichte sie uns Gebäck. Ben erklärte ihr woher wir kamen und erzählte von unseren Erlebnissen. Ich hörte aufmerksam zu und kämpfte damit, nicht einzuschlafen. Ganz plötzlich war ich müde geworden. Michelle übersah höflich meine kleine Schwächeperiode.

Charles hatte schon angedeutet, dass wir bei dieser Übernachtung nicht mit einem Abendessen rechnen sollten. Daher hatten wir uns entsprechend eingedeckt. Umso angenehmer war unsere Überraschung, als wir eingeladen wurden um 19:00 Uhr einen kleinen Imbiss zu uns zu nehmen. Michelle erklärte uns, dass sie leider nicht mit uns essen könne, aber sie würde für uns alles auf den Tisch stellen. Als wir um 19:00 Uhr im Wohnzimmer erschienen, wurden wir schon erwartet. Der Tisch war reichlich gedeckt und auch die Flasche eines guten Rotweins fehlte nicht.

Michelle hatte noch etwas Zeit bis zu ihrem Termin. Sie setzte sich zu uns und es entspannte sich wieder eine sehr interessante Unterhaltung, in der Ben sein Wissen über die wilden Orchideen der Gegend an Michelle weitergeben konnte. Im Gegenzug lernten wir Wissenswertes über französischen Käse. Leider viel zu früh musste sich Michelle verabschieden. Da saßen wir nun, neben uns prasselte ein Kaminfeuer und unser Blick schweifte durch einen sehr schönen Vorgarten, während wir uns das Essen und den Wein schmecken ließen. So gegen 21:00 Uhr zogen wir uns zurück.

Der neunte Tag: Onans – Villersexel
„Wahrnehmen, Denken, Tun."
(Andrea Löhndorf)

Im Kamin prasselte ein Feuer und das Frühstück stand schon auf dem Tisch. Ein Blick in den Vorgarten zeigte uns, dass sich das Wetter erheblich gebessert hatte. Michelle begrüßte uns mit einem fröhlichen Bonjour. Wir aßen mit Freude unser Frühstück und Ben plauderte über dies und das. Zum Abschied ließen wir unseren Pilgerpass abzeichnen und bezahlten, was wir schuldig waren.

Michelle fuhr ihren Wagen vor und wir nahmen unser Gepäck und stiegen ein. Sie hatte zugesagt, uns wieder zum Jakobsweg zu fahren. Trotz des Sonnenscheins war es kalt geworden. Nach kurzer Fahrt hielten wir an einem Waldweg. Am Zaunpfosten prangte deutlich sichtbar unser Leitzeichen, die Jakobsmuschel. Wir bedankten uns, winkten dem abfahrenden Wagen nach und stiegen mal wieder einen Hang hinauf. Oben am Waldrand angekommen, stoppten wir unsere Schritte, holten unsere Wasserflaschen hervor, drehten uns um und genossen einen grandiosen Ausblick. Dann lenkten wir unsere Schritte in den Wald. Ben fand ab und an wieder wilde Orchideen im Unterholz, die teilweise sehr schön blühten. An einem besonders ausgewiesenen Aussichtspunkt entlasteten wir unsere Rücken und ließen die Landschaft auf uns wirken. Die fliegenden Wolken der abziehenden Schlechtwetterfront, verbunden mit den Dörfern, die wie malerische Tupfer in die Landschaft gepinselt wurden, entlockten uns positiv klingende Beschreibungen. Wir waren zu Fans auch von diesem Teil Frankreichs geworden. Aber auch die längste Atempause neigte sich dem Ende zu und wir zogen weiter. Kurze Zeit später fiel der Weg wieder steil den Hang hinab in Richtung Courchaton. Leider übersahen wir hier die Möglichkeit, die Pfarrkirche zu besuchen, um die wunderbaren Glasfenster zu bewundern.

In Courchaton holte uns ein Pilger ein, der sich auf seinem Weg vom Odilienberg bis zur französich-spanischen Grenze befand. Er hatte, wie er uns erzählte, zwei Monate von seiner Frau frei bekommen und wollte schauen, welches Ziel er in dieser Zeit erreichen könnte. Sein Name war Antoine und er befand sich im jugendlichen Alter von 61 Jahren. Er sprach sehr gut deutsch und so war die Verständigung auch für mich einfach.

Der Weg führte uns in vertrauter Topographie durch die Landschaft. Wegkreuze zeugten von einer alten Pilgertradition. In Grammont lag die Kirche am Wegesrand. Sie entpuppte sich als einfache Landkirche ohne schmückendes Beiwerk. Antoine erzählte kleinere Geschichten. Nach einem steilen Anstieg machten wir auf einem verschlossenen Brunnenschacht eine Pause, während Antoine seinen Weg fortsetzte. Die Sonne war jetzt so stark, dass sie uns wärmen konnte. Der Weg führte uns in das Tal von Fallon. Wir blieben stehen und bewunderten auf der gegenüberliegenden Teilseite ein Dorfpanorama mit einer schönen Kirche. Beherrscht wurde die Szenerie jedoch von einem großen, mächtigen Schloss.

Kurz vor Grammont

Als wir das Dorf erreichten, stellten wir fest, dass die Zeiten des mächtigen Schlosses vorbei waren. In seinen besten Zeiten war es sicher stolz und grandios gewesen. Jetzt war es verfallen und wirkte in großen Teilen unbewohnt. Wir passierten das Schloss und stiegen neben der Kirche hinab zu einem auffallend schönen Waschplatz. Laut unserem Pilgerführer sollte er aus dem 18. Jahrhundert stammen.

Hinter Fallon führte uns der Weg über eine sehr große Distanz durch einen mächtigen Wald. Waldarbeiten hatten den Boden schlammig aufgewühlt und er war streckenweise unpassierbar. Wir mussten uns den Weg durch das Unterholz selber suchen und ich schimpfte über die Waldarbeiter, die so rücksichtslos den Boden umgepflügt hatten. An einer abschüssigen Stelle kam es dann auch so, wie es kommen musste. Das Profil meiner Schuhe hatte sich zugesetzt und ich verlor den Halt und stürzte. Zum Glück zog ich mir keine Verletzung zu, aber ich schimpfte noch mehr über die Vandalen des Waldes. So stolperten wir durch das Unterholz immer von der Hoffnung getrieben, dass die Beeinträchtigungen hinter der nächsten Biegung aufhörten.

Auf einer Lichtung begegneten wir einem einsamen Wanderer, der seit Wochen unterwegs war und es bis nach Dresden schaffen wollte. Er erzählte uns von seiner Reise und fragte, ob es in

Deutschland möglich wäre, sein Zelt in Vorgärten aufzuschlagen. Wir waren skeptisch, ob sich diese Bitte erfüllen würde. Aber wir wollten ihn auch nicht entmutigen und so meinte Ben, dass dies sicher nicht in jedem Vorgarten ginge und er möglicherweise mehrere Versuche starten müsste. Er schien mit dieser Antwort zufrieden zu sein und ging gut gelaunt weiter.

In Villers la Ville bot uns ein Wegweiser zwei Varianten an, um unser Ziel Villersexel zu erreichen. Die eine Variante führte über eine Eremitage. Auf dem Weg der anderen Variante standen in einiger Entfernung zwei Männer, die uns zuwinkten. Daher entschieden wir uns für diese Möglichkeit. Als wir die beiden Männer erreichten, sprach uns einer direkt auf Deutsch an und fragte: „Wo kommt ihr her und wo geht ihr hin?" Ben erklärte es ihm auf Französisch und zeigte zur Bestätigung unseren Pilgerführer. Das Buch elektrisierte seinen Begleiter, weil auf der Rückseite ein Foto der Kirche des Dorfes Villers la Ville abgedruckt war. Außerdem glaubte er auf einem anderen Foto den Weg vor seinem Gehöft zu erkennen. Er wies immer wieder auf das Foto hin und wiederholte dabei mehrmals, dass sein Silo gleich daneben stünde. Das Gespräch ging noch eine Weile weiter und wir erfuhren, dass die Deutschkenntnisse bei einem elfmonatigen Aufenthalt in Wien erworben wurden.

Wir verabschiedeten uns wortreich und begleitet von guten Wünschen folgten wir wieder der Muschel bis nach Villersexel. Als wir die ersten Häuser erreichten, trafen wir Antoine wieder. Er hatte offensichtlich den Weg über die Eremitage genommen. Jetzt suchte er eine Apotheke. Er erzählte uns, dass seine Frau telefonisch ein dringend benötigtes Medikament hier in Villersexel bestellt habe. Seine Versuche, das Mittel in Belfort zu kaufen, waren erfolglos gewesen. Die Apotheke lag genau gegenüber unserem Hotel. Wir fotografierten uns gegenseitig für unser Erinnerungsalbum, wie Antoine sich ausdrückte, dann wünschten wir ihm für seinen weiteren Weg alles Gute und betraten das Hotel.

An der Rezeption saß eine Dame, die konzentriert in die vor ihr liegenden Unterlagen schaute. Als sie Ben und mich bemerkte, lächelte sie und begrüßte uns mit den Worten, da kommen ja meine Pilger. Wir erhielten sofort einen Zimmerschlüssel und zogen uns auf die erste Etage zurück.

Die Badezimmer in französischen Hotels verfügen oft über hervorragende Duschen. Leider verfügen sie aber nicht immer über Vorhänge oder andere Vorrichtungen, die die Dusche von den übrigen Bereichen eines Badezimmer abschirmen. Auf Grund meiner Knieprobleme hatte ich keine Lust hockend in der

Badewanne zu duschen. Daher duschte ich mich so vorsichtig wie möglich im Stehen. Trotzdem beschwerte sich Ben anschließend lautstark über das nasse Badezimmer, während er sich ein heißes Bad einließ.

Nach der erfrischenden Körperpflege schlenderten wir durch Villersexel. Ben wollte gerne beim Office du Tourisme vorbei gehen, um sich für die Unterstützung zu bedanken. Aber leider war das Büro schon geschlossen. So sahen wir uns noch eine nahegelegene Gite an. Sie soll uns im nächsten Jahr als Unterkunft bei einer Fortsetzung der Pilgerreise dienen. Danach genossen wir ein erstes Bier in der Nähe der Kirche. Zwischen dem ersten und zweiten Bier besuchten wir das Gotteshaus und konnten die für französische Kirchen eher unüblichen farbigen Fenster bewundern. Zum zweiten Bier spendierte Ben eine Dose Pistazien. Die Pistazienkerne waren so teuer, dass sie umgerechnet 5 Cent das Stück kosteten.

So gestärkt verspürten wir nun Lust das Abendessen zu uns zu nehmen. Leider wurde das Essen ohne kulinarische Überraschungen serviert. Aber wir hatten jetzt die notwendige Bettschwere erreicht und dämmerten auf unserem Zimmer dem nächsten Morgen entgegen.

In der Kirche von Villersexel

Der zehnte Tag: Villersexel – Hunawihr

"Warum bist Du hier?"

"Keine Ahnung. Aber ich hoffe, es herauszufinden."

(Pilgergespräch)

Um 5:45 Uhr riss uns der Wecker aus dem Tiefschlaf. Ein wenig schlaftrunkend packten wir unsere Rucksäcke und saßen um 6:30 Uhr am Frühstückstisch. Wir waren an diesem Morgen die ersten Gäste und so hatten wir die volle Auswahl am Frühstücksbuffet. Um 7:10 Uhr standen wir an der Bushaltestelle und pünktlich um 7:14 Uhr hielt der Bus. Wir lösten unsere Tickets und waren über die Ausstattung des Wagens überrascht. Die Konstrukteure hatten drei Sitze nebeneinander, dann einen Gang und wieder zwei Sitze auf der Grundfläche je einer Sitzplatzreihe untergebracht. Wir suchten uns jeder einen geeigneten Platz und schauten schweigend der vorbeifliegenden Landschaft zu. An den einzelnen Stationen stiegen nur Schüler zu, die zum Gymnasium in Lure unterwegs waren. Nach einer Fahrzeit von einer dreiviertel Stunde erreichten wir den Bahnhof von Lure. Es war ein strahlender Morgen geworden und die Sonne zeigte schon früh ihre ganze Pracht. Als wir den Bus um 8:00 Uhr verließen, empfingen uns angenehme Temperaturen. Wir fragten uns zum richtigen Bahnsteig durch und warteten auf den Zug. Ben schlug vor im nächsten Jahr immer früh um 7:00 Uhr zu starten. Es wäre einfach angenehmer, früh unterwegs zu sein, meinte er. Ich stöhnte innerlich, musste ihm aber Recht geben. So beschlossen wir bei der Fortsetzung unserer Pilgerreise im nächsten Jahr früher aufzustehen.

Der Zug rollte ein und setzte sich nach einem kurzen Aufenthalt in Richtung Belfort in Bewegung. Als die Landschaft an uns vorbeiflog, ließen wir die letzten Tage unserer Pilgereise im Gespräch noch einmal auferstehen. Beherrscht wurde unser Gespräch von der Frage: In welchen Augenblicken durften wir Neues lernen?

Als ersten und vielleicht wichtigsten Punkt stellten wir fest, dass wir bezogen auf das Pilgern an Gelassenheit gewonnen hatten. Vorgegebene Etappen waren für uns nicht mehr von Interesse. Auch die Wichtigkeit, exakt den markierten Weg zu gehen, war verschwunden. Etappenziele verloren ihre Bedeutung. Wir gingen dahin, wohin der Weg uns führte. Dabei erinnerten wir uns stets an den Gedanken von Danielle: „Der gute Pilger nimmt die Gegebenheiten so wie sie kommen und er weiß, dass es so für ihn richtig ist."

Wir stellten fest: Wo wir pilgern, ist der Jakobsweg, unser Jakobsweg. Für uns war die Geisteshaltung der entscheidende

Punkt. Dies galt auch für unsere Laufgeschwindigkeit. Wir hatten erfahren, dass, wenn wir uns langsamer bewegten, wir deutlich mehr vom Weg, von der Landschaft und von der inneren Stimme mitbekamen. Entschleunigung war das Stichwort und die Grundlage für ein gutes Gespräch. Alles sollte so ausgerichtet sein, dass es der Seele oder „Birne" gut tut. Dazu gehörte dann eben auch, am Morgen früher zu starten, am Tage mehr Pausen zu machen und dabei die Seele baumeln zu lassen. All das ist wichtiger als möglichst viele Kilometer pro Tag zu absolvieren und möglichst schnell am Ziel anzukommen.

Der Zug fuhr in Belfort am Hauptbahnhof ein. Wir hatten 1 ½ Stunden Aufenthalt und nutzten die Zeit, um uns in Belfort umzuschauen. Wir gingen bis zur Stadtmitte, die nur fünf Gehminuten vom Bahnhof entfernt lag. Den großen, roten Löwen von Belfort fanden wir leider nicht. Dafür beobachteten wir emsige Arbeiter, die Bühnen und Stände für ein großes Musikfestival aufbauten. Wir besuchten die Kathedrale, die auf den Hl. Christoph geweiht war. Um die Kirche herum schien sich alles auf den Hl. Christoph zu beziehen. Die Apotheke, die Hotels und die Cafés, alle Einrichtungen hießen irgendwie St. Christophe.

In Belfort

Auf dem Rückweg zum Bahnhof rief Charles an und wir verabredeten, dass Danielle und er uns in Colmar vom Bahnhof abholen und uns noch die Altstadt von Colmar zeigen würden. Wir willigten gerne ein und erreichten über Mulhouse gegen Mittag Colmar.

In Colmar

In Colmar trafen wir auf Danielle und Charles, die uns mit großem Hallo und Küsschen empfingen. Wir packten unsere Rucksäcke in ihren Citroen und erhielten eine exklusive Führung durch Colmar. Dabei besuchten wir Klein-Venedig und wir schritten durch die Gerbergasse. Neben der Markthalle schauten wir beim ältesten Haus von Colmar vorbei. In einem ehemaligen Dominikanerkloster durften wir einen Blick auf einen herrlichen Altar werfen. Der Künstler hatte ihn im Alter von 23 Jahren gemalt. An einer Darstellung von Steinfresken bemerkten wir eine falsche Übersetzung. Das deutsche Wort Tür war mit dem französischen Wort Tour übersetzt worden. Le Tour ist im Französischen die Rundreise während die korrekte Übersetzung für la tour der Turm bedeutet. Charles grinste und meinte, er müsste die beiden Damen an der Kasse auf diesen doch peinlichen Fehler aufmerksam machen. Danielle versuchte ihn vergeblich von diesem Vorhaben abzubringen. Die beiden Damen stöhnten laut auf und meinten, Charles wäre der erste Franzose, der diesen Fehler bemerkt hätte. Normalerweise würden nur deutsche Lehrer die fehlerhafte Übersetzung bemerken und darauf aufmerksam machen. Wir spielten die Frustrierten und trösteten Charles, der so tat als wäre er sehr enttäuscht. Dann setzten wir unseren Rundgang durch die Altstadt von Colmar fort. Danielle und Charles hatten die Zeit so gut im Blick, sodass wir pünktlich zur Abfahrt unseres Busses in

Richtung Hunawihr wieder am Bahnhof standen. Kurz nach 14:00 Uhr schaukelte uns der Bus in Richtung des bekannten Weinortes.

Hunawihr war wie viele Weinorte im Elsass an die Hügellandschaft angepasst. Die Hauptstraße führte im Tal an der Ortsgrenze vorbei. Die Haltestelle lag natürlich in der Nähe der Hauptstraße. Dort angekommen mussten wir dann den Hügel hinauf zum Weingut der Familie Ziegler gehen. Ich maulte, dass jeder Einstieg in eine Etappe mit einem Anstieg begann. Ben knurrte etwas Unverständliches und machte eine motivierende Geste mit seiner Hand. Dann schwang er seinen Rucksack auf den Rücken und ging davon.

Frau Ziegler stand im Hof ihres Weingutes und empfing uns mit freundlichen Worten. Sie erkundigte sich, ob ich meine Geldbörse gefunden hätte. Als ich die Frage bejahte, schaute sie mich zufrieden an.

Wir kauften Wein und Honig, bedankten uns für den Service und machten uns auf den Weg in Richtung Soultz. Danielle und Charles hatten uns angeboten, unsere letzte Nacht im Elsass bei ihnen zu verbringen. Ben fuhr aber nicht auf dem direkten Weg in Richtung Soultz, sondern wir suchten uns den Weg durch die Weinberge und über Nebenstraßen. Ab und an hielten wir am

Straßenrand, um die eine oder andere Perspektive besser auf uns wirken zu lassen oder weil wir ein Stück des Weges entdeckten, den wir vor ein paar Tagen gegangen waren. Gegen 18:00 Uhr erreichten wir das Haus von Danielle und Charles in der Altstadt von Soultz.

Es war ein gemütlicher Abend. Danielle hatte ein leckeres Abendessen zubereitet und wir erzählten von unseren Erlebnissen. Ab und an steuerten Danielle und Charles Anekdoten von ihren Pilgerreisen bei. Nach dem Abendessen bewunderten wir zwei Präsentationen über ihre Pilgerreisen. Spät am Abend ging das Licht aus und wir schliefen voller neuer Eindrücke und Ideen ein.

Der elfte Tag: Soultz – Aachen

„Ich lasse alle Anhaftungen los."

(Meditationssatz)

Am nächsten Morgen beim Frühstück wurden letzte Einzelheiten ausgetauscht. Ben wollte während der Rückreise einen Botanischen Garten, der hoch oben in den Vogesen lag, besichtigen. Doch zuerst besuchten wir die örtliche Weinkooperative und deckten uns mit ein paar Flaschen Wein für Zuhause ein. Dann fuhren wir über die Route des Crêtes in Richtung des Gartens. Als wir gegen Mittag dort ankamen, waren wir die einzigen Besucher. Wir schlenderten durch die gepflegten Beete und waren begeistert, welche Pflanzen in dieser Höhe wuchsen und gediehen. Nach dem Besuch starteten wir dann zur letzten Etappe unserer Rückreise. Über Nancy und Metz fuhren wir nach Luxemburg. Die Hauptstadt durchquerten wir und folgten der Straße direkt nach Norden in Richtung St. Vith. Getrübt wurde die Rückreise nur durch Baustellen. Aber um 17:30 Uhr war es geschafft. Ben setzte mich Zuhause ab. Wir verabschiedeten uns sehr herzlich voneinander nicht ohne uns gegenseitig zu versichern, welch wundervolle Tage wir erleben durften. Ich winkte dem abfahrenden Wagen hinterher und ging zur Eingangstüre um mit dem Aufzug nach oben in meine Wohnung zu fahren.

Nachwort

„Wir haben gelernt"

Wir haben auf der Reise viel gelernt. Daher zum Schluss Ideen, Gedanken, Anregungen die uns insbesondere Danielle mit auf den Weg geben hat. Dafür wechseln wir in ein vertrautes Du.

Wenn Dir unsere Geschichte gefallen hat und Du pilgern willst bedenke, dass Du Dich im dicht besiedelten Mitteleuropa bewegst und weder im Hochgebirge noch in der Wüste bist. Daher sei optimistisch und plane Deine Ausrüstung für diese Region. Lasse Dich auf die Reise geistig und mental ein. Du gehst nicht wandern. Es ist wichtig, frei zu sein für die Angebote, die sich ergeben. Nutze Kirchen, Kapellen, schöne Plätze als heilige Orte. Sie sind für dich geschaffen worden. Optimiere Dein Gepäck. Denke daran, jedes Gramm musst Du tage- oder wochenlang mitschleppen. Drogeriemärkte bieten kleine Fläschen, die im Regelfall lange halten. Unterwegs kannst Du oft das eine oder andere fehlende Teil nachkaufen. Wenn Du nicht allein unterwegs bist, geht im Regelfall das Duschzeug bei allen Teilnehmern gleichzeitig aus. Dann kaufe nur eine neue Flasche verteile den Inhalt auf alle.

Funktionswäsche ist leicht und wiegt nicht viel. Investiere in weniger Gewicht.

Ein paar Tipps für unterwegs, wenn es mal nicht so gut läuft. Wir sind keine Mediziner, daher sind die folgenden Ausführungen lediglich unsere Meinung. Wenn Du sie übernehmen willst, so machst Du es auf eigenes Risiko.

Die Achillessehne und andere Sehnen im Fuß massieren und mit einer Querfriktion dehnen und mit Eis kühlen. Lockerungsübungen am Fuß machen. Denke bitte daran, dass das Fußgelenk ist kein Drehgelenk.

Packliste, die nun die Erfahrungen zweier Pilgerfahrten enthält

Die Packliste hat sich aus unserer Sicht bewährt. Sie ist eher einem gewissen Komfort geschuldet. Wir regen an, jedes Teil auf die Waage zu legen. Im Ergebnis sind 9 kg besser als 11 kg. Zu dem Anfangsgewicht kommen immer noch das Wasser und die Verpflegung hinzu.

In einigen Drogeriemärkten gibt es ganze Regale mit kleinen sogenannten Probierfläschchen. Diese reichen von der Menge und sind leichter als große Dosen. Vielleicht hilft auch der örtliche Apotheker mit kleinen Einheiten weiter. Das Reisewaschmittel für die abendliche Wäsche der Shirts und Slips kann auf ein Minimum beschränkt werden, da pro Wäsche maximal ein guter Tropfen gebraucht wird. Zur Not hilft Haarshampoo.

1 Rucksack; etwa 30 - 35 l
2 Zipphosen; zum Wechseln und für den abendlichen Aufenthalt in einer Gaststätte oder einem Speisesaal.
1 Badehose
1 Gürtel
4 Funktions T-Shirts beispielsweise aus Coolmax

1 T-Shirt aus Coolmax als Ersatz für einen Schlafanzug. Ein solches Shirt kann zum Wechseln genutzt werden.

1 Fleece Shirt für abends bzw. wenn es mal kalt werden sollte

1 Regenjacke / Regenponcho

3 Paar Wandersocken,

3 Funktionsunterhosen aus Microfaser

1 Hut; kann wasserfest sein

1 Sonnenbrille und/oder Ersatzbrille

1 Paar Wanderschuhe, müssen eingelaufen sein; Unbedingt vorher trainieren. Auch hier auf das Gramm achten. Einer Studie zu Folge erzeugt ein Kilogramm Schuhe die gleiche körperliche Belastung wie etwa 5 Kilogramm Rucksackgepäck.

1 Paar superleichte Cloks für abends

1 Leinenschlafsack; wenn möglich Mikrofaser oder einen anderen leichten Stoff wählen (ein Baumwollbettlaken wiegt ca. 400g und ist eindeutig zu schwer)

6 - 7 Wasser abweisende Tüten für Sachen und Schuhe; hier haben sich die leichten Mülltüten (20 l) bewährt. Sind leicht und belastbar

1 Nadel und Faden, Kordel, flexible Wäscheleine, die festgehakt werden kann.

4 – 6 Wäscheklammern

1 Taschenlampe, 1 Multimesser

1 Melkfett. Melkfett hat sich bewährt, um die Fußhaut vor der Wanderung geschmeidiger zu machen. Oder

1 Dose Penatencreme; aber nur die feste Creme aus der Blechdose nehmen.

1 Spielkarten oder ein anderes leichtes Spiel. Uns hat das Spiel „Schweinerei" gut gefallen. Versteht jeder sofort und kann international gespielt werden.

1 Zahnbürste, 1 kleine Zahnpastatube

Rasierzeugs

kleiner Kamm

Den folgenden Menschen, die uns bei der Entstehung dieses Buches unterstützt haben, möchten wir besonders danken.

Charles und Danielle, die uns manchen wertvollen Hinweis auf nette Weise nahegebracht haben.

Evelin Wesemann und Martina Lohschelder die die Arbeit an diesem Buch mit wichtigen Hinweisen und geduldigem Rat vorangebracht haben.

Nicht zu vergessen Martin Michel, der wie immer kreativ und geduldig unsere Ideensprünge umgesetzt und wieder verworfen hat.